BACKEN

Small and Tasty

Luisa Zerbo

BACKEN
Small and Tasty

Mini-Kuchen, Express-Törtchen und mehr für das kleine Knusperglück

EMF
EIN BUCH DER
EDITION MICHAEL FISCHER

Inhalt

Ich bin Luisa,

leidenschaftliche Konditorin, Autodidaktin, mit einem riesigen Geschmackslexikon im Kopf. Für mich gibt es nichts Spannenderes, als Aromen miteinander zu kombinieren, Texturen zu erschaffen und das Ganze umsetzbar zu machen für meine Kund:innen, Leser:innen oder die Freundin nebenan.

Als waschechtes Gastrokind bin ich quasi mit dem Kochen groß geworden. Meine Leidenschaft fürs Backen hat sich über die Jahre ganz allmählich dazugesellt. Ein Praktikum in der Sterneküche von Léa Linster in Luxemburg hat schließlich die Liebe zur französischen Patisserie entfacht. Und fertig war mein ganz persönlicher Dreiklang von Kochen, Backen und Patisserie.

Bei der Auswahl der Rezepte für mein Backbuch gab es natürlich Gründe, weshalb es genau diese hineingeschafft haben und andere nicht. Zunächst einmal sind es meine Lieblingsrezepte … noch dazu sind sie simpel, funktionieren verlässlich und sind einfach lecker. Wichtig war mir auch, dass für jeden Geschmack etwas dabei ist. An dem einen oder anderen Rezept habe ich teilweise jahrelang gefeilt, bis es perfekt war – oder Kindheitserinnerungen in mir geweckt hat.

Bei allen Rezepten liegt der Fokus – oder so etwas wie die Klammer, die alle zusammenhält – auf dem Thema „Kleines Backwerk“. Nicht nur „tasty“, sondern „small & tasty“, das ist die Devise. Das hat einen ganz einfachen Grund: Singles oder kleine Haushalte mit nur 2 Personen sollten nicht auf feine Gebäcke und leckere Desserts verzichten müssen, nur weil die Rezepte meist für größere Mengen ausgelegt sind. Außerdem möchte ich der Wegwerfkultur geschmacksintensive Gegenargumente liefern: Wir sollten sehr viel nachhaltiger agieren, uns angewöhnen, mit Resten sinnvoll umzugehen und sie möglichst komplett aufzubrauchen.

Nun wünsche ich allen, die mich backend begleiten möchten auf meiner Reise durch die unterschiedlichsten süßen Verführungen und Entdeckungen, viel Spaß bei der Zubereitung und genussvolles Schlemmen!

Eure

Luisa

DEUTSCHER
GASTRO
GRÜNDER
PREIS
YES, WE
CANDY!

TIPPS & TRICKS

KLEIN, aber oho …

„Small & tasty" – süße Leckereien in kleinen Portionen, die man mal für sich selbst (warum auch nicht?) oder für zwei, drei Mitschlemmer:innen backen kann. Warum sind dann hier und da die Mengen so angegeben, dass es auf den ersten Blick doch wieder eine „normal" große Portion ist?

Die Gründe sind so banal wie einleuchtend: Bei den meisten Küchenmaschinen, die keine Profigeräte sind, lassen sich Teig oder Creme erst ab einer bestimmten Menge in der gewünschten Qualität verarbeiten. Viele Maschinen „greifen" geringeres Volumen nur unvollständig, sodass sich der Schüsselinhalt nicht richtig kneten, bzw. mischen lässt. Wer den Teig mit der Hand rühren und/oder kneten möchte, kann also die jeweilige Zutatenmenge halbieren oder auch dritteln, sobald die Küchenmaschine ins Spiel kommt, sollte das komplette Rezept zubereitet werden. Sicher ist sicher …

Hinweis

Dort, wo sich die Rezepte unproblematisch in kleinen Portionen zubereiten lassen, ist dies direkt im Rezept so angegeben.

Größere Portionen zubereiten – Reste aufbewahren

Was aber tun, wenn beispielsweise vier Muffins für die Einladung, ein kleines Picknick – oder die ganz ureigene Lust auf einen kleinen süßen Traum – ausreichen würden? Wohin mit dem Rest? Muffins, die quasi die Basis sind für alle Cupcakes, lassen sich prima einfrieren und bei Bedarf auftauen. Dann kommt als Finish noch frisch zubereitet das entsprechende Frosting oder Topping darauf – und fertig.

Löffelbiskuits sind ebenfalls Kandidaten für das Gefrierfach. Das angegebene Rezept ist ergiebig, aber die fertigen Biskuits lassen sich entweder einfrieren oder luftdicht lagern, zum Beispiel in einer Dose. Und wenn wieder mal ein Tiramisu ansteht, dann gibt's kaum was Besseres, als die selbst gebackenen Biskuits mit dem Espresso zu benetzen.

Genauso die Graham Cracker. Sie eignen sich super als Boden für Cheesecakes & Co. Und auch hier kann man getrost das komplette Rezept zubereiten und die Cracker, die aktuell nicht benötigt werden, entweder luftdicht in einer Dose verwahren oder einfrieren.

Wer mit Brandteig arbeitet – wie zum Beispiel im Rezept für die Pistazien-Vanille-Windbeutel – kann die Profiterols mit oder ohne Füllung einfach einfrieren. Dann wird's zwar beim Anrichten nichts mit dem eindrucksvollen Windbeutelturm, wie er auf dem Rezeptfoto auf Seite 113 zu sehen ist, aber ein kleines Türmchen lässt sich allemal auch mit einem Drittel oder einem Viertel der Brandteigkugeln zusammenbauen …

„Ich kann allem widerstehen, nur nicht der Versuchung.

Oscar Wilde 1854–1900

RESTE-verwertung

Kleine Portionen ergeben sich manchmal auch einfach aus dem Umstand, dass es noch ein paar Reste gibt, die vor dem Verderben gerettet werden sollen. Vielerlei Sorten Obst sind hier geeignete Kandidaten. Ofenschlupfer schmeckt nicht nur mit Äpfeln, hier lassen sich auch Beeren, Birnen oder Quitten verwenden. Der klassische Ofenschlupfer, so wie wir ihn kennen und wie er auch im Rezept zubereitet wird, mutiert dann zum Frenchtoast-Auflauf – und schmeckt genauso fantastisch.

Auch beim Bananenbrot steht die Resteverwertung im Vordergrund. Leicht bis vollständig braun gewordene Früchte sind bekannte Obstschalenhüter und schreien geradezu nach einer Verwandlung in Bananenbrot, ehe sie zwangsweise den Weg alles Verdorbenen in die Biotonne antreten müssten. Und die gute Nachricht dabei: Der Grad der Bräunung hat keinen Einfluss auf den Geschmack, wenn die Teigmasse erst mal mit einer ordentlichen Portion Schokolade gepimpt ihren Aufenthalt im Ofen hinter sich hat.

Tipp

Ein weiterer Tipp für die Resteverwertung von übriggebliebenem Eiweiß ist die Herstellung von Meringe (Baiser), einfach wie im Rezept auf Seite 134 beschrieben mit der proportional angepassten Zuckermenge vermischen, auf ein mit Backpapier ausgelegtes Backblech tupfen und im Backofen in Baisers verwandeln. Natürlich kann man überschüssiges Eiweiß auch für die Herstellung von Madeleines verwenden …

TORTEN – klein und fein

Auch bei den Torten ist es alles andere als kompliziert, eine kleine Version zu backen. Anstelle der Springform nimmt man zum Backen der Tortenböden einfach ein Backblech und streicht den Teig gleichmäßig über der gesamten Fläche aus. Backpapier bitte nicht vergessen! Nach dem Backen sticht man mit einem Dessertring oder einem entsprechend großen Glas mit einem möglichst dünnen Rand die gewünschte Größe aus, die für die individuelle Mini-Torte benötigt wird. Sämtliche kleinen Böden, die sich aus dem Blech ausstechen lassen und für das aktuelle Backprojekt nicht benötigt werden, kann man einfrieren, die übriggebliebenen Abschnitte lassen sich wunderbar für ein Schichtdessert im Glas verwenden. Wenn man sich für die größere Tortenvariante entscheidet, bei der die Kuppel des Teigs, der in der klassischen Springform gebacken wird, heruntergeschnitten werden muss, kann man diesen Rest auch einfrieren und bei Bedarf und Gelegenheit für Desserts verwenden.

"Es ist besser zu genießen und zu bereuen, als zu bereuen, dass man nicht genossen hat.

Giovanni Boccaccio 1313–1375

SCHNELL
UND EASY

Bananenbrot mit Schokochips

ZUTATEN FÜR 1 KASTENFORM

120 g weiche Butter
150 g Zucker
2 Eier, Gr. M
200 g Mehl Type 550
1 TL Backpulver
Salz
5 reife Bananen
80 ml Orangensaft
50 ml Sonnenblumenöl
150 g Schokoladenchips

ZUBEREITUNG

1. Den Ofen auf 160 °C Umluft vorheizen. Die Butter mit dem Zucker schaumig schlagen. Nach und nach die Eier dazu geben. Das Mehl mit Backpulver und einer Prise Salz mischen und zur Eier-Masse geben. Vier der fünf reifen Bananen zusammen mit Orangensaft und Öl zerdrücken und zum Teig geben. Zum Schluss die Schokoladenchips unterrühren.

2. Eine Kastenform mit Backpapier auskleiden, den Teig einfüllen und die fünfte Banane schälen, halbieren und oben auflegen. Das Bananenbrot ca. 30 Minuten backen.

Tipp

Richtig lecker ist es, wenn das frisch gebackene Bananenbrot mit kurz gebratenen Bananenstücken getoppt wird.

Variante

Man kann einen Teil des Mehls durch gemahlene Nüsse oder Kakao ersetzen. Oder zusätzlich gehackte Nüsse oder getrocknete Früchte dazugeben. Besonders gut schmecken Datteln und Sesam im Bananenbrot.

Apfelküchle

ZUTATEN FÜR 2 PERSONEN

4 Äpfel

200 g Mehl Type 550

50 g Zucker

1 Prise Salz

1 Msp. Zimt

1 Msp. gemahlene Vanille

250 ml Milch

2 TL Ahornsirup

1 EL Sonnenblumenöl

1 Ei, Gr. M

Öl zum Braten

ZUBEREITUNG

1. Die Äpfel schälen und in ca. 5–8 mm dicke Scheiben schneiden.
2. Für den Teig alle trockenen und flüssigen Zutaten separat mischen. Die Milchmischung zu der Mehlmischung geben und zu einem glatten Teig verrühren.
3. Öl in einer Pfanne erhitzen.
4. Die einzelnen Apfelscheiben durch den Teig ziehen und goldbraun von beiden Seiten backen.
5. Nach Belieben nochmal in Zimt und Zucker wälzen.
6. Zum Servieren Vanilleeis oder Vanillesauce reichen.

Tipp

Nicht nur der Apfel eignet sich gut zum Braten. Birne, Banane, Ananas und viele andere Obstsorten sind genauso spannend.

Vegane Blitz-Schokomousse

ZUTATEN FÜR 2 PERSONEN

200 g Seidentofu, Raumtemperatur

150 g Zartbitterschokolade

3 EL Agavendicksaft

ZUBEREITUNG

1. Den Seidentofu in ein hohes Gefäß geben. Die Zartbitterschokolade über dem Wasserbad schmelzen und zum Seitentofu geben.
2. Mit dem Agavendicksaft süßen und mit einem Pürierstab zu einer glatten Creme verarbeiten.
3. In zwei Gläschen verteilen und *2–3 Stunden* kalt stellen.

Beeren-Cheesecake

ZUTATEN FÜR EINE SPRINGFORM MIT 20 CM Ø

Für das Beeren-Topping

300 g TK-Beerenmix

100 g Zucker

Saft einer ½ Zitrone

Für den Boden

180 g Kekse, z. B. Graham Cracker Seite 42

80 g flüssige Butter

Für den Cheesecake

300 g Doppelrahmfrischkäse

300 g Quark, 20 %

3 Eier, Gr. M

1 Pck. Vanillezucker

2 EL Speisestärke

ZUBEREITUNG

1. Die Beeren mit dem Zucker und Zitronensaft ca. *10 Minuten* bei mittlerer Hitze einkochen und beiseitestellen.

2. Die Kekse für den Boden fein zerkrümeln und mit der Butter mischen. Die Springform mit Backpapier auslegen und die Brösel-Buttermischung als Boden in die Springform drücken.

3. Alle Zutaten für die Cheesecake-Masse miteinander verrühren und auf den Boden geben. Den Ofen auf *130 °C Ober-/Unterhitze* vorheizen und *40–45 Minuten* backen. Den Cheesecake im offenen Ofen auskühlen lassen. Aus der Springform nehmen und mit den eingekochten Beeren toppen.

Pannacotta-Torte mit Karamell & Popcorn

ZUTATEN FÜR EINE FORM MIT 18–20 CM Ø

Für die Pannacotta

8 Blatt Gelatine

1 kg Sahne

200 g Zucker

Mark von 1 Vanilleschote

Eiswürfel

Für das Karamell

100 g Zucker

50 g Butter

50 g Sahne

10 g Salz

Für die Dekoration

Popcorn, Fertigprodukt

ZUBEREITUNG (AM VORTAG)

1. Die Gelatine einweichen. Die Sahne in einem Topf mit Zucker und Vanille verrühren und zum Kochen bringen. Den Topf vom Herd nehmen, die Gelatine ausdrücken und einrühren.

2. Die Sahnemasse auf Eis kaltrühren. Dafür den Topf in eine Schüssel mit Eiswürfel stellen und rühren, bis die Masse abgekühlt ist. Dieser Vorgang verhindert, dass die Gelatine sich im Kühlschrank am Boden der Silikonform absetzt.

3. Die Gugelhupfform auf einen Teller stellen, die Pannacotta-Masse einfüllen und im Kühlschrank über Nacht kalt stellen.

ZUBEREITUNG (AM TAG DER VERWENDUNG)

4. Am Tag der Verwendung für das Karamell den Zucker zusammen mit 50 g Wasser einkochen, bis er hellbraun ist. Vorsichtig die Sahne und die Butter unterrühren. Mit dem Salz verfeinern und abkühlen lassen.

5. Die Pannacotta kurz in der Form in heißes Wasser stellen und dann stürzen. Mit dem Karamell übergießen und mit dem Popcorn dekorieren.

Zimtschnecken mit Frosting

ZUTATEN FÜR 12 STÜCK

Für den Teig

500 g Mehl Type 550

60 g Zucker

250 ml Buttermilch

20 g Frischhefe

3 Eigelb

70 g weiche Butter

Für die Füllung

150 g weiche Butter

100 g Zucker

1 EL Zimt

Für das Frosting

300 g Doppelrahmfrischkäse

100 g Zucker

1 Msp. gemahlene Vanille

ZUBEREITUNG

1. Alle Teigzutaten für ca. *3–5 Minuten* zu einem glatten Teig verkneten. Den Teig an einem warmen Ort ca. *1 Stunde* gehen lassen, bis er sich verdoppelt hat.

2. Den Ofen auf *180 °C Umluft* vorheizen.

3. Für die Füllung die weiche Butter, Zucker und Zimt in einer Schüssel miteinander vermengen.

4. Den Teig auf einer bemehlten Fläche rechteckig ausrollen, bis er ca. 4–5 mm dick ist. Die Butter-Mischung gleichmäßig darauf verteilen und den Teig von der langen Seite her aufrollen. In 12 Portionen schneiden und in eine gefettete Auflaufform, ca. 20 x 30 cm, geben.

5. Ca. *20 Minuten* backen und die Zimtschnecken danach auskühlen lassen.

6. Für das Frosting alle Zutaten zu einer dicken Creme aufschlagen und auf den Zimtschnecken verteilen.

KNUSPER–
TRAUM

Butterkekse mit Schoko-Haselnusscreme-Füllung

ZUTATEN FÜR FÜR CA. 20 KEKSE

Für den Teig

240 g weiche Butter

1 Ei, Gr. M

70 g Puderzucker

40 g gemahlene Mandeln

500 g Mehl Type 550

Für die Füllung

300 g Schoko-Haselnuss-creme

ZUBEREITUNG

1. Für den Teig alle Zutaten bis auf das Mehl miteinander verrühren. Das Mehl dazugeben und zu einem Teig verarbeiten. Den Teig in Frischhaltefolie wickeln und ca. *3–4 Stunden* kalt stellen.

2. Den Ofen auf *170 °C Ober-/Unterhitze* vorheizen. Den gekühlten Teig auf einer bemehlten Fläche ausrollen und mit einem runden Plätzchen-Ausstecher mit ca. 6 cm Durchmesser die Kekse ausstechen. Auf ein mit Backpapier ausgelegtes Backblech legen und für ca. *10–13 Minuten* backen.

3. Die Kekse auskühlen lassen. Die Schoko-Haselnusscreme mit einem Teelöffel auf die Hälfte der Kekse geben (je ca. 1 TL). Mit jeweils einem anderen Keks verschließen. Nicht zu fest zusammendrücken, sonst läuft die Creme seitlich heraus. Kalt stellen.

Amalfi-Crinkle-Cookies

ZUTATEN FÜR 1 BLECH

120 g weiche Butter

120 g Zucker

1 Ei, Gr. M

Saft und Zesten von 2 Zitronen

Mark von 1 Vanilleschote

250 g Mehl Type 550

½ TL Natron

½ TL Backpulver

Salz

Zum Wälzen

200 g Puderzucker

ZUBEREITUNG

1. Den Ofen auf *180 °C Ober-/Unterhitze* vorheizen. Die Butter mit dem Zucker und dem Ei schaumig aufschlagen. Den Zitronensaft, Zitronenabrieb und die Vanille dazugeben. Alle restlichen trockenen Zutaten und eine Prise Salz mischen und zu der Butter-Zitronen-Mischung geben. Zu einem glatten, etwas klebrigen Teig verkneten. Mit Frischhaltefolie abdecken und ca. *1 Stunde* in den Gefrierschrank stellen.

2. Ein Blech mit Backpapier auslegen. Eine Schüssel mit dem Puderzucker bereitstellen. Den Teig in etwa 3 cm große Kugeln formen und dick in Puderzucker wälzen. Die Kugeln auf dem Blech mit Abstand zueinander verteilen und für ca. *15 Minuten* backen.

Tipp

Für eine intensive Farbe kann man den Teig mit etwas Kurkuma oder Lebensmittelfarbe einfärben.

Erdbeer-Streusel Cookies

ZUTATEN FÜR 12 STÜCK

Für den Teig

80 g weiche Butter

80 g brauner Zucker

40 g Zucker

1 Ei, Gr. M

170 g Mehl Type 550

2 Msp. Backpulver

1 Prise Salz

100 g weiße Schokoladen-tropfen

Für die Konfitüre

200 g Erdbeeren

50 g Gelierzucker 1:1

Saft von ½ Limette

Für die Streusel

100 g Mehl Type 550

80 g Zucker

70 g Butter

ZUBEREITUNG

1. Den Ofen auf *180 °C Umluft* vorheizen. Für den Teig die Butter zusammen mit braunem Zucker und Zucker schaumig schlagen. Das Ei dazugeben, sowie Mehl, Backpulver und Salz. Sobald alle Zutaten miteinander vermengt sind, die Schokotropfen dazugeben und nochmal kurz vermengen. Den Cookie-Teig in Frischhaltefolie einpacken und kalt stellen.

2. Für die Marmelade die Erdbeeren waschen und in 1 x 1 cm kleine Stücke schneiden. Mit Gelierzucker und Limettensaft in einem Topf aufkochen und ca. *5–10 Minuten* bei mittlerer Hitze einkochen lassen. Gelegentlich rühren, damit am Topfboden nichts anbrennt.

3. Für die Streusel alle Zutaten in einer Küchenmaschine miteinander mischen. Alternativ mit den Händen krümelig verkneten.

4. Nun den gekühlten Teig in 70 g große Kugeln aufteilen und auf ein mit Backpapier ausgelegtes Blech legen. Die Kugeln plattdrücken, sodass die Cookies ungefähr 1–1,3 cm dick sind. Die Konfitüre darauf verteilen und mit den Streuseln toppen. *10 Minuten* backen.

Tipp

Trau' dich ruhig, die Kugel richtig plattzudrücken, ansonsten passt nicht viel Topping darauf.

Cantuccini mit dreierlei Nüssen

ZUTATEN FÜR CA. 30 STÜCK

250 g Mehl Type 550
180 g Zucker
1 TL Backpulver
1 Pck. Vanillezucker
2 EL Mandelsirup
20 g weiche Butter
2 Eier, Gr. M
100 g ganze Mandeln
100 g ganze Pistazien
100 g ganze Haselnüsse

ZUBEREITUNG

1. Den Ofen auf *180 °C Ober-/Unterhitze* vorheizen. Das Mehl mit Zucker, Backpulver und Vanillezucker mischen. Mit dem Mandelsirup, Butter und Eiern zu einem klebrigen Teig verarbeiten. Die Nüsse unterrühren.

2. Den Teig in Frischhaltefolie einpacken und *1 Stunde* kalt stellen. Nach dem Kühlen zu 3 dicken Rollen formen, auf einem mit Backpapier ausgelegten Blech *15 Minuten* backen und auskühlen lassen. In 1 cm breite Stücke schneiden und mit der Schnittseite nach oben zurück auf das Blech legen. Die Ofentemperatur auf *160 °C* zurückdrehen und erneut *12–15 Minuten* backen.

Variante

Cantuccini sind sehr flexibel, was die Zutaten angeht. Man kann sie auch nur mit Mandeln zubereiten. Mein Favorit ist eine Variante mit Kakao und Haselnüssen. Dabei werden 50 g Mehl durch Backkakao ersetzt.

Graham Cracker

ZUTATEN FÜR CA. 20 KEKSE

300 g Vollkornmehl

150 g brauner Zucker

1 TL Zimt

½ TL Backpulver

1 Prise Salz

100 g weiche Butter

1 Ei, Gr. M

60 g Honig

4 EL Milch

1 Msp. gemahlene Vanille

ZUBEREITUNG

1. Für den Teig Mehl, Zucker, Zimt, Backpulver und Salz vermischen. Die Butter dazugeben und mit der Mehlmischung verkrümeln. Mit den restlichen Zutaten zu einem weichen Teig verarbeiten. Den Teig in Frischhaltefolie einwickeln und *1–2 Stunden* kalt stellen.

2. Den Teig auf einer bemehlten Fläche ca. 3–5 mm dick ausrollen, in 12 x 8 cm große Rechtecke schneiden und auf ein Blech mit Backpapier legen. Auf jedem Rechteck mit einem Messerrücken eine Linie längs und quer markieren. Mit einer Gabel mehrmals einstechen.

3. Die Cracker für ca. *10–12 Minuten* bei *180 °C* Umluft backen und danach gut auskühlen lassen.

Hafer-Heidelbeer-Cookies

ZUTATEN FÜR 12 STÜCK

Für den Teig

80 g weiche Butter

80 g brauner Zucker

40 g Zucker

1 Ei, Gr. M

170 g Mehl Type 550

2 Msp. Backpulver

1 Prise Salz

100 g kernige Haferflocken

Für die Heidelbeeren

200 g TK-Heidelbeeren

Saft von ½ Zitrone

100 g Gelierzucker 1:1

Zum Wälzen

100 g zarte Haferflocken

ZUBEREITUNG

1. Den Ofen auf *180 °C Umluft* vorheizen. Für den Teig die Butter zusammen mit braunem Zucker und Zucker schaumig schlagen. Das Ei dazugeben, sowie Mehl, Backpulver und Salz. Sobald alle Zutaten miteinander vermengt sind, die Haferflocken dazugeben und nochmal kurz vermengen. Den Cookie-Teig in Frischhaltefolie einpacken und kalt stellen.

2. Die Heidelbeeren waschen und mit Zitronensaft und Gelierzucker in einem Topf aufkochen und ca. *10 Minuten* bei mittlerer Hitze einkochen lassen. Gelegentlich rühren, damit am Topfboden nichts anbrennt. Die eingekochten Heidelbeeren in eine Schüssel geben und mit Frischhaltefolie abgedeckt kalt stellen, bis sie fest sind.

3. Nun den gekühlten Teig in 70 g große Kugeln aufteilen und in der Hand plattdrücken. Einen Teelöffel Heidelbeeren in die Mitte des Teiges geben und den restlichen Teig außenherum wieder verschließen. Die Kugeln in den zarten Haferflocken wälzen und auf einem mit Backpapier ausgelegten Blech mit Abstand verteilen.

4. *8–10 Minuten* backen und danach gut auskühlen lassen.

Tipp

Wer keine Heidelbeeren mag, kann natürlich auch zu anderen Beeren greifen.

Macadamia-Cookies mit weißer Schokolade

ZUTATEN FÜR 12 STÜCK

80 g weiche Butter

80 g brauner Zucker

40 g Zucker

1 Ei, Gr. M

170 g Mehl Type 550

2 Msp. Backpulver

Salz

100 g Macadamianüsse

100 g weiße Schokoladen-tropfen

ZUBEREITUNG

1. Den Ofen auf *180 °C Umluft* vorheizen. Für den Teig die Butter zusammen mit braunem Zucker und Zucker schaumig schlagen. Das Ei dazugeben, sowie Mehl, Backpulver und eine Prise Salz. Die Macadamianüsse grob hacken. Die Schokotropfen und die Macadamianüsse zum Teig geben und nochmal kurz vermengen. Den Cookie-Teig in Frischhaltefolie einpacken und kalt stellen.

2. Nun den gekühlten Teig in 70 g große Kugeln aufteilen und auf ein mit Backpapier ausgelegtes Blech legen. Die Kugeln leicht andrücken. Bitte auf genügend Abstand achten.

3. Die Cookies *8 Minuten* backen und auskühlen lassen.

Vanille-Löffelbiskuits

ZUTATEN FÜR 2 BLECHE

4 Eier, Gr. M

80 g Zucker

Mark von 1 Vanilleschote

100 g Mehl Type 550

1 EL Speisestärke

Zucker zum Bestreuen

ZUBEREITUNG

1. Den Ofen auf *180 °C Umluft* vorheizen. Die Eier zusammen mit dem Zucker und der Vanille für ca. *5–10 Minuten* schaumig aufschlagen. Das Mehl mit der Speisestärke mischen und in 3 Tranchen auf die Eimasse sieben und unterheben.

2. Die Biskuitmasse in einen Spritzbeutel umfüllen und auf Bleche mit Backpapier aufspritzen. Länge und Breite darf jede:r gerne selbst bestimmen. Mit etwas Zucker bestreuen und ca. *15 Minuten* backen.

Tipp

Es gibt nichts Besseres als ein Tiramisu mit selbstgemachten Löffelbiskuits.

MAKE IT
Muffin

Heidelbeer-Muffins mit Crumble

ZUTATEN FÜR 12 MUFFINS

Für den Teig

150 g brauner Zucker

1 Pck. Vanillezucker

2 Eier, Gr. L

50 ml Sonnenblumenöl

150 g Saure Sahne

250 g Mehl Type 550

1 TL Backpulver

80 ml Sahne

150 g Heidelbeeren

Für die Heidelbeerfüllung

200 g TK-Heidelbeeren

100 g Gelierzucker 1:1

Saft von ½ Zitrone

Für den Crumble

200 g Mehl Type 550

160 g brauner Zucker

140 g weiche Butter

ZUBEREITUNG

1. Den Ofen auf *150 °C Ober-/Unterhitze* vorheizen. Für die Heidelbeerfüllung alle Zutaten miteinander in einem Topf zum Kochen bringen und bei mittlerer Hitze ca. *5 Minuten* unter Rühren einkochen. Abgedeckt auskühlen lassen.

2. Für den Teig den Zucker, Vanillezucker und die Eier schaumig aufschlagen. Das Sonnenblumenöl in einem dünnen Strahl zugeben. Die Saure Sahne unterrühren. Das Mehl mit dem Backpulver mischen und zur Masse geben. Die Sahne unterrühren. Die Heidelbeeren waschen, trocknen, mit etwas Mehl bestäuben und unter den Teig rühren.

3. Ein Muffinblech mit Förmchen bestücken und mit Hilfe eines Eisportionierers füllen.

4. Für den Crumble alle Zutaten mit der Küchenmaschine zu einem bröseligen Teig verarbeiten und über den Muffins verteilen. 15 Minuten backen.

5. Die fertigen Muffins gut auskühlen lassen. Die Heidelbeerfüllung kurz pürieren, in einen Spritzbeutel mit Krapfenspritze füllen und die Muffins oben vorsichtig einstechen und füllen. Optional mit Puderzucker bestäuben.

Karotten-Muffins mit Frischkäse-Frosting

ZUTATEN FÜR 12 MUFFINS

Für den Teig

150 g Zucker

2 Eier, Gr. M

50 g Rapsöl

2 EL Zitronensaft

100 g Joghurt, 10 %

150 g Mehl Type 550

50 g gemahlene Mandeln

50 g gemahlene Haselnüsse

80 g fein geriebene Karotten

1 TL Backpulver

Für das Frosting

250 g Doppelrahmfrischkäse, Raumtemperatur

150 g weiche Butter

150 g Puderzucker

ZUBEREITUNG

1. Den Ofen auf *150 °C Ober-/Unterhitze* vorheizen. Für den Teig den Zucker und die Eier schaumig aufschlagen. Das Rapsöl und den Zitronensaft in einem dünnen Strahl zugeben. Den Joghurt unterrühren. Das Mehl, Mandeln, Haselnüsse und Karotten mit dem Backpulver mischen und zur Eier-Masse geben. Falls der Teig zu fest ist, kann man noch 2–3 EL Milch dazugeben.

2. Den Teig mit Hilfe eines Esslöffels oder Eisportionierers in die Muffinförmchen füllen und für ca. *15–17 Minuten* backen.

3. Für das Frosting alle Zutaten miteinander aufschlagen. Sobald die Muffins ausgekühlt sind, kann das Frosting mit einer Palette aufgespachtelt werden.

Pekannuss-Cupcakes mit Speck

ZUTATEN FÜR 12 STÜCK

Für den Teig

100 g brauner Zucker

50 g Ahornsirup

2 Eier, Gr. L

50 ml Sonnenblumenöl

150 g Saure Sahne

200 g Mehl Type 550

1 TL Backpulver

50 g gemahlene Pekannüsse

80 ml Sahne

Für das Frosting

400 g Doppelrahmfrischkäse

150 g Zucker

1 Pck. Vanillezucker

Für das Topping

100 g Speckwürfel

2 EL gehackte Pekannüsse

Ahornsirup

ZUBEREITUNG

1. Den Ofen auf *150 °C Ober-/Unterhitze* vorheizen.

2. Für den Teig braunen Zucker, Ahornsirup und Eier schaumig aufgeschlagen. Die restlichen Teigzutaten dazugeben und zu einem glatten Teig verrühren.

3. Das Cupcake Blech mit den Förmchen bestücken und den Teig mit Hilfe von einem Esslöffel verteilen. Ungefähr 2–3 EL Teig in ein Förmchen geben.

4. Die Cupcakes ca. *15 Minuten* backen. Danach gut auskühlen lassen.

5. In der Zwischenzeit die Speckwürfel in einer Pfanne kross anbraten und beiseitestellen.

6. Für das Frosting alle Zutaten miteinander in die Rührmaschine geben und den Frischkäse ca. *3–5 Minuten* aufschlagen – ich benutze am liebsten Philadelphia, der Frischkäse hat am meisten Stand.

7. Zum Dekorieren gebt ihr die Creme in einen Spritzbeutel mit Sternentülle und verteilt diese auf den ausgekühlten Cupcakes. Mit dem Rücken eines Teelöffels könnt ihr kleine Mulden in das Frosting drücken und diese mit Ahornsirup füllen. Mit dem krossen Speck und den Pekannüssen bestreuen.

Tipp

Ihr könnt hier zum Verteilen des Teiges auch einen Eisportionierer verwenden.

Schokobomben-Cupcakes

ZUTATEN FÜR 12 STÜCK

Für den Teig

150 g brauner Zucker

2 Eier, Gr. M

70 g Sonnenblumenöl

150 g Saure Sahne

200 g Mehl Type 550

50 g Kakaopulver

1 TL Backpulver

80 ml Sahne

200 g Chocolate Chunks

12 Lindor Pralinen

Für das Frosting

300 g Mascarpone

150 g Sahne

1 EL Kakaopulver

150 g Zucker

ZUBEREITUNG

1. Den Ofen auf *150 °C Ober-/Unterhitze* vorheizen. Für den Teig den Zucker und die Eier schaumig aufschlagen. Das Sonnenblumenöl in einem dünnen Strahl zugeben. Die Saure Sahne unterrühren. Das Mehl, Kakao und Backpulver mischen und zur Masse geben. Die Sahne und die Chocolate Chunks unterrühren.

2. Ein Muffinblech mit Förmchen bestücken und mit Hilfe eines Eisportionierers füllen. Jeweils eine Praline in die Mitte drücken. Die Muffins *15 Minuten* backen und auskühlen lassen.

3. Für das Frosting alle Zutaten miteinander aufschlagen und in einen Spritzbeutel mit Sterntülle füllen. Nachdem die Cupcakes ausgekühlt sind, das Frosting darauf verteilen und kalt stellen.

S'mores-Cupcakes mit Marshmallow

ZUTATEN FÜR 12 STÜCK

Für den Teig

150 g brauner Zucker

1 Pck. Vanillezucker

2 Eier, Gr. L

50 ml Sonnenblumenöl

150 g Saure Sahne

200 g Mehl Type 550

50 g gemahlene Haferkekse

1 TL Backpulver

80 g Sahne

Für den Marshmallow

100 g Eiweiß

200 g Zucker

Für die Dekoration

300 g Zartbitterkuvertüre

50 g Kakaobutter

ZUBEREITUNG

1. Den Ofen auf *150 °C Ober-/Unterhitze* aufheizen.

2. Für den Teig den Zucker, Vanillezucker und die Eier schaumig aufschlagen. Das Sonnenblumenöl in einem dünnen Strahl zugeben. Die Saure Sahne unterrühren. Das Mehl, gemahlene Haferkekse und Backpulver mischen und zur Masse geben. Die Sahne unterrühren.

3. Ein Muffinblech mit Förmchen bestücken und mit Hilfe eines Eisportionierers füllen. *15 Minuten* backen.

4. In der Zwischenzeit das Eiweiß in eine Schüssel geben. Den Zucker zusammen mit 50 ml Wasser in einen Topf geben und zum Kochen bringen. Auf *115 °C* aufkochen, Temperatur mit einem Thermometer überprüfen. Dann damit beginnen, das Eiweiß in der Küchenmaschine aufzuschlagen und so lange schlagen, bis der Zucker eine Temperatur von *120 °C* erreicht hat.

5. Nun den Zuckersirup zügig zum Eiweiß gießen, dabei die Geschwindigkeit der Küchenmaschine drosseln. Sobald der gesamte Zuckersirup im Eiweiß ist, wieder auf höchster Stufe kalt schlagen lassen.

6. Währenddessen die Kuvertüre mit der Kakaobutter schmelzen und auskühlen lassen.

7. Die ausgekühlten Cupcakes mit dem Marshmallow dick bestreichen oder mit einem Spritzbeutel und Spritztülle aufspritzen. Den Cupcake mit dem Marshmallow in die geschmolzene Schokolade tunken und kalt stellen.

Schoko-Himbeer-Cupcakes

ZUTATEN FÜR 12 STÜCK

Für den Teig

150 g brauner Zucker

2 Eier, Gr. M

70 g Sonnenblumenöl

150 g Saure Sahne

200 g Mehl Type 550

50 g Kakaopulver

1 TL Backpulver

80 g Sahne

200 g Himbeeren

Für das Frosting

300 g Mascarpone

150 g Sahne

2 EL Himbeergelee

100 g Zucker

ZUBEREITUNG

1. Den Ofen auf *150 °C Ober-/Unterhitze* vorheizen.

2. Für den Teig den Zucker und die Eier schaumig aufschlagen. Das Sonnenblumenöl in einem dünnen Strahl zugeben. Die Saure Sahne unterrühren. Das Mehl, Kakao und Backpulver mischen und zur Masse geben. Die Sahne unterrühren.

3. Ein Muffin-Blech mit Förmchen bestücken und mit Hilfe eines Eisportionierers befüllen. Die frischen Himbeeren waschen, vorsichtig trocknen, kurz bemehlen, auf dem Teig verteilen und leicht eindrücken.

4. Die Muffins *15 Minuten* backen und auskühlen lassen.

5. Für das Frosting alle Zutaten miteinander aufschlagen und in einen Spritzbeutel mit Sterntülle füllen. Nachdem die Cupcakes ausgekühlt sind, das Frosting darauf verteilen und kalt stellen.

Variante

Für ein aufwendigeres Topping kann man die Hälfte der Creme mit Kakaopulver vermengen und in zwei separate Spritzbeutel abfüllen. Diese beiden dann gemeinsam in einen Spritzbeutel mit Sterntülle geben und eine zweifarbige Creme aufspritzen.

Tiramisu-Cupcakes mit Mascarpone

ZUTATEN FÜR 12 STÜCK

Für den Teig

150 g Zucker

1 Pck. Vanillezucker

2 Eier, Gr. L

50 ml Sonnenblumenöl

150 g Saure Sahne

250 g Mehl Type 550

30 g Instant-Kaffeepulver

1 TL Backpulver

80 g Sahne

Für die Creme

300 g Mascarpone

100 g Sahne

150 g Zucker

1–2 EL Kakaopulver

ZUBEREITUNG

1. Den Ofen auf *150 °C Ober-/Unterhitze* aufheizen.

2. Für den Teig den Zucker, Vanillezucker und die Eier schaumig aufschlagen. Das Sonnenblumenöl in einem dünnen Strahl zugeben. Die Saure Sahne unterrühren. Mehl, Instant-Kaffeepulver und Backpulver mischen und zur Masse geben. Die Sahne unterrühren.

3. Ein Muffinblech mit Förmchen bestücken und mit Hilfe eines Eisportionierers befüllen. Für *15 Minuten* backen.

4. Den Mascarpone mit Sahne und Zucker cremig aufschlagen. Mit Hilfe eines Spritzbeutels mit Spritztülle die Mascarponecreme auf die ausgekühlten Cupcakes spritzen und mit etwas Kakao bestreuen.

Tipp

Wer mag, kann kleine Pipetten mit leicht gesüßtem Espresso füllen und durch die Creme in den Teig stecken. Kurz vor dem Essen kann man sich seinen Cupcake selbst tränken.

Zitronen-Mohn-Cupcakes

ZUTATEN FÜR 12 STÜCK

Für den Teig

150 g Zucker

2 Eier, Gr. L

50 ml Zitronenöl

100 g Saure Sahne

50 g Zitronensaft

Schale von 1 Bio-Zitrone

250 g Mehl Type 550

1 TL Backpulver

80 g Sahne

2–3 EL Mohn

Für die Füllung

200 g Zitronensaft

90 g Zucker

1 EL Speisestärke

1 Ei, Gr. M

50 g kalte Butter

Für das Frosting

400 g Doppelrahmfrischkäse

150 g Zucker

Zeste von ½ Bio-Zitrone

1 EL Mohnsamen

ZUBEREITUNG

1. Den Ofen auf *150 °C Ober-/Unterhitze* vorheizen.

2. Für den Teig den Zucker und die Eier schaumig aufschlagen. Das Zitronenöl in einem dünnen Strahl zugeben. Die Saure Sahne, Zitronensaft und Zitronenschale zur Masse geben. Das Mehl mit dem Backpulver mischen und zur Eier-Masse geben. Zum Schluss noch die Sahne und den Mohn unterrühren.

3. Mit einem Eisportionierer die Förmchen im Muffin-Blech füllen und *15 Minuten* backen. Mit Hilfe eines Apfelentkerners an der Oberfläche kleine Löcher ausstechen.

4. Für die Füllung den Zitronensaft zum Kochen bringen. Zucker, Speisestärke und Ei in einer Schüssel glattrühren. Sobald der Saft kocht, die Zucker-Mischung einrühren und unter Rühren *1–2 Minuten* einkochen. Die kalte Butter einrühren und abkühlen lassen.

5. Für das Frosting alle Zutaten bis auf den Mohn in eine Schüssel geben und zu einer luftigen, stabilen Masse aufschlagen. Die Creme teilen und in die eine Hälfte den Mohn einrühren. Beide Cremes in separate Spritzbeutel abfüllen. Die Spitzen der Spritzbeutel bei 2 cm abschneiden und zusammen in einen weiteren Spritzbeutel mit Sterntülle stecken.

6. Die ausgekühlte Creme in die Cupcake-Mulden geben und das Frosting darauf spritzen.

7. Wer mag, kann mit einer Scheibe oder einem Stück Zitrone dekorieren.

Tropical-Cupcakes mit Kokos und Passionsfrucht

ZUTATEN FÜR 12 STÜCK

Für den Teig

150 g brauner Zucker

1 Pck. Vanillezucker

2 Eier, Gr. L

50 ml Sonnenblumenöl

150 g Saure Sahne

200 g Mehl Type 550

1 TL Backpulver

80 g Sahne

100 g geröstete Kokosflocken

Für die Füllung

200 g Passionsfruchtfleisch

100 g Zucker

1 EL Speisestärke

1 Ei, Gr. M

50 g kalte Butter

Für das Frosting

400 g Doppelrahmfrischkäse

100 g Zucker

1 EL Limettensaft

100 g geröstete Kokoschips

ZUBEREITUNG

1. Den Ofen auf *150 °C Ober-/Unterhitze* vorheizen. Für den Teig den Zucker, Vanillezucker und die Eier schaumig aufschlagen. Das Sonnenblumenöl in einem dünnen Strahl zugeben. Die Saure Sahne unterrühren. Das Mehl mit dem Backpulver mischen und zur Masse geben. Die Sahne und Kokosflocken unterrühren.

2. Ein Muffinblech mit Förmchen bestücken und mit Hilfe eines Eisportionierers füllen. *15 Minuten* backen.

3. Für die Füllung das Passionsfruchtfleisch zum Kochen bringen. Zucker, Speisestärke und Ei in einer Schüssel glattrühren. Sobald der Saft kocht, die Zucker-Mischung einrühren und unter Rühren *1–2 Minuten* einkochen. Die kalte Butter einrühren und abkühlen lassen.

4. Für das Frosting den Frischkäse, Zucker und Limettensaft cremig aufschlagen und in einen Spritzbeutel mit runder Spritztülle geben.

5. In die ausgekühlten Cupcakes an der Oberfläche ein Loch ausstechen und mit der Passionsfruchtcreme füllen. Die Creme darauf spritzen und vorsichtig in den gerösteten Kokoschips wälzen.

Zimtschnecken-Muffins mit Frischkäse

ZUTATEN FÜR 12 STÜCK

Für den Teig

150 g Zucker

1 Pck. Vanillezucker

2 Eier, Gr. M

50 g Sonnenblumenöl

150 g Saure Sahne

250 g Mehl Type 550

1 TL Backpulver

80 g Sahne

Für die Füllung

¼ des fertigen Teiges

2 TL Zimt

1 Pck. Vanillezucker

Für das Frosting

250 g Doppelrahmfrischkäse

100 g Zucker

ZUBEREITUNG

1. Den Ofen auf *150 °C Ober-/Unterhitze* vorheizen.

2. Für den Teig den Zucker und die Eier schaumig aufschlagen. Das Sonnenblumenöl in einem dünnen Strahl zugeben. Die Saure Sahne unterrühren. Das Mehl mit dem Backpulver mischen und zur Masse geben. Die Sahne unterrühren.

3. Nun ein Viertel des Teiges in eine Schüssel geben. Mit Zimt und Vanillezucker mischen und in einen Spritzbeutel abfüllen. Ein Muffinblech mit Förmchen bestücken und den Restteig ebenfalls in einen Spritzbeutel füllen.

4. Nun kommt etwa 1 EL Masse in jede Form. Mit dem Zimt-Teig wird eine Schnecke darauf verteilt. Das Ganze wiederholt ihr 2–3-mal, so lange, bis die Form ein Fingerbreit unter dem Rand gefüllt ist.

5. Die Muffins *12–15 Minuten* backen und auskühlen lassen. Für das Frosting Frischkäse und Zucker aufgeschlagen und auf den ausgekühlten Muffins verteilen. Dazu kann man entweder einen Spachtel oder Spritzbeutel nutzen.

TUTTI
FRUTTI

Mandarinen-Crostata

ZUTATEN FÜR EINE SPRINGFORM MIT 20 CM Ø

Für den Teig

400 g Mehl Type 550

300 g Butter

200 g Zucker

1 Pck. Vanillezucker

1 Pck. Backpulver

4 Eier, Gr. M

50 g gezuckerte Orangenzeste

5–6 Mandarinen

Für die Glasur

100 g Puderzucker

50 g Mandarinensaft

ZUBEREITUNG

1. Den Ofen auf *170 °C Ober-/Unterhitze* vorheizen. Das Mehl mit der Butter und dem Zucker mischen. Vanillezucker und Backpulver dazugeben und verrühren. Mit den Eiern zu einem glatten Teig verrühren und die Zesten unterrühren.

2. Die Backform am Boden mit einem Backpapier auskleiden. Die Mandarinen schälen und in Scheiben schneiden. Die Scheiben in die Backform legen und die Teigmasse darauf verteilen. Den Kuchen *20–30 Minuten* backen. Stäbchenprobe!

3. Für die Glasur die Zutaten miteinander verrühren und auf dem gestürzten, ausgekühlten Kuchen verteilen. Nach Belieben mit Orangenscheiben dekorieren.

Himbeer-Rosen-Tarte

ZUTATEN FÜR EINE TARTEFORM MIT 26 CM Ø

Für den Teig

100 g Puderzucker

150 g Mehl Type 550

70 g Butter

1 Ei, Gr. M

Für die Füllung

250 g Himbeerpüree

2 EL Rosenwasser

250 g weiße Kuvertüre

400 g Doppelrahmfrischkäse, Raumtemperatur

Für die Toppings

400 g Mascarpone

4 EL Himbeerpüree

150 g Zucker

250 g frische Himbeeren

200 g Himbeergelee

10 essbare Rosenblätter

ZUBEREITUNG

1. Den Ofen auf *170 °C Ober-/Unterhitze* vorheizen. Alle Teigzutaten miteinander verkneten und in eine Tarteform drücken. Die Form für *30 Minuten* in den Kühlschrank stellen. Danach *15 Minuten* blindbacken. (Blindbacken, siehe Seite 152)

2. In der Zwischenzeit die Füllung vorbereiten. Dazu Himbeerpüree und Rosenwasser in einem kleinen Topf erhitzen. Die Schokolade darin schmelzen und auskühlen lassen. Den Frischkäse aufschlagen und die Himbeer-Schokomasse unterrühren. Sehr wichtig ist, dass der Frischkäse Raumtemperatur hat. Die Creme in die Tarte füllen, glattstreichen und *4–5 Stunden* oder über Nacht kalt stellen.

3. Für das Topping den Mascarpone zusammen mit Himbeerpüree und Zucker cremig aufschlagen. In einen Spritzbeutel mit französischer Sterntülle abfüllen und kalt stellen.

4. Das Himbeergelee glattrühren und ebenfalls in einen Spritzbeutel füllen.

5. Die Tarte mit Cremetupfern dekorieren, frische Himbeeren und Himbeergelee dazwischensetzen und mit den Rosenblüten dekorieren. Bis zum Servieren kalt stellen.

Heidelbeer-Schmandkuchen

ZUTATEN FÜR EINE SPRINGFORM MIT 20 CM Ø

Für den Boden

1 runder Boden mit 15 cm Ø

(entweder Resteverwertung oder frisch gebacken – Siehe Rezept Seite 86)

Für die Füllung

250 g Schmand

250 g Quark, 20 %

100 ml Sahne

1 Vanillezucker

100 g Zucker

5 Blatt Gelatine

180 g Heidelbeeren

Für die Deko

200 g Sahne

1 Pck. Vanillezucker

1 Pck. Sahnesteif

Heidelbeeren

ZUBEREITUNG

1. Die Springform mit Backpapier auslegen. Den Boden mittig platzieren. Außenherum bleibt ein Rand, die Form ist größer als der Boden.

2. Den Schmand, Quark, Sahne, Vanillezucker und Zucker aufschlagen.

3. Währenddessen die Gelatine einweichen. Die Heidelbeeren glatt pürieren und zu der Schmand-Masse geben. Die eingeweichte Gelatine in einem Topf bei niedriger Hitze schmelzen, auf keinen Fall kochen lassen und mit der Heidelbeer-Schmand-Masse angleichen. (Angleichen, siehe Seite 152)

4. Die angeglichene Gelatine zur Rest-Masse geben und gut verrühren. Die Heidel-Schmand-Creme nun auf den Boden gießen und über Nacht kalt stellen.

5. Die Sahne für die Deko zusammen mit Vanillezucker und Sahnesteif aufschlagen und in einen Spritzbeutel mit Sterntülle füllen. Den Kuchen nach Belieben mit Sahnetupfern und Heidelbeeren dekorieren.

Schokomousse-Torte mit Beeren

ZUTATEN FÜR EINE SPRINGFORM MIT 20 CM Ø

Für den Boden

2 Eier, Gr. M

1 Prise Salz

90 g Zucker

50 g Mehl Type 550

25 g Speisestärke

25 g Kakaopulver

¼ TL Backpulver

Für die dunkle Mousse

100 g Zartbitterschokolade

100 g Sahne

2 Eier, Gr. M

50 g Zucker

Für die Dekoration

500 g gemischte frische Beeren

ZUBEREITUNG

1. Den Ofen auf *180 °C Umluft* vorheizen. Die Eier trennen. Die Eiweiße mit dem Salz schaumig schlagen und kalt stellen. Die Eigelbe mit Zucker und 2 EL heißem Wasser schaumig aufschlagen. Das Mehl mit Speisestärke, Kakao und Backpulver mischen und sieben.

2. Das geschlagene Eiweiß und die gesiebte Mehlmischung abwechselnd in mehreren Schritten unter die Eigelb-Masse heben. Den Teig in eine mit Backpapier ausgelegte Springform geben und *10 Minuten* backen. Direkt aus der Form lösen und auf einem Gitter auskühlen lassen. Einen hohen Tortenring um den Boden legen.

3. Für die dunkle Mousse die Schokolade schmelzen. Die Eier trennen. Die Eigelbe mit dem Zucker schaumig aufschlagen. Die Eiweiße und die Sahne locker aufschlagen und kalt stellen. Die geschmolzene Schokolade unter die Eigelbmasse rühren. Das Eiweiß in 2–3 Tranchen unter die Creme heben und zum Schluss die Sahne vorsichtig unterheben. Die Mousse auf dem Boden verteilen und kalt stellen. Kurz vorm Servieren die Beeren waschen, trocknen und auf der Torte verteilen.

Banoffee Tarte

ZUTATEN FÜR EINE TARTEFORM MIT 26 CM Ø

Für den Teig

100 g Puderzucker

150 g Mehl Type 550

70 g Butter

1 Ei, Gr. M

Für die Ganache

300 g Zartbitterschokolade

300 ml Sahne

Für das Karamell

300 g Zucker

100 g Sahne

100 g Butter

3 Prisen Meersalz

Für das Topping

3–4 reife Bananen

600 g Crème double, alternativ Mascarpone

100 g Zucker

ZUBEREITUNG

1. Den Ofen auf *170 °C Umluft* vorheizen. Alle Teigzutaten miteinander verkneten und in eine Tarteform drücken. Die Form für *30 Minuten* in den Kühlschrank stellen. Danach für *15 Minuten* blindbacken. (Blindbacken, siehe Seite 152)

2. Für die Ganache die Sahne kurz aufkochen und die Schokolade darin schmelzen. Die Creme glattrühren und auf den gebackenen Boden geben. Im Kühlschrank fest werden lassen.

3. In der Zwischenzeit das Karamell kochen. Dafür den Zucker mit 100 ml Wasser aufkochen und karamellisieren lassen. Vorsichtig die Sahne in das Karamell rühren und mit kalter Butter und Salz verfeinern. Das Karamell auskühlen lassen und auf der Ganache verteilen. Die Bananen in Scheiben schneiden und auf dem Karamell verteilen. Die Tarte *1 Stunde* kalt stellen.

4. Die Crème double mit dem Zucker aufschlagen und großzügig auf der Tarte verteilen.

5. Bis zum Servieren kalt stellen.

Apfelkuchen mit Mandel-Crumble

ZUTATEN FÜR EINE SPRINGFORM MIT 22 CM Ø

Für den Teig

200 g weiche Butter

200 g Zucker

4 Eier, Gr. M

200 g Mehl Type 550

1 Pck. Backpulver

4 Äpfel

Für den Crumble

100 g Mehl Type 550

80 g brauner Zucker

75 g weiche Butter

50 g Mandelblättchen

ZUBEREITUNG

1. Den Ofen auf *170 °C Umluft* vorheizen. Die weiche Butter mit dem Zucker schaumig schlagen. Die Eier nach und nach unterrühren. Mehl und Backpulver unterheben und verrühren.

2. Eine runde Backform mit 20–22 cm Ø am Boden mit Backpapier auslegen und den fertigen Teig gleichmäßig darauf verteilen.

3. Die Äpfel schälen, entkernen und grob gewürfelt auf den Teig geben.

4. Für den Crumble alle Zutaten miteinander zu einem krümeligen Teig verarbeiten und auf den Äpfeln verteilen.

5. Den Kuchen ca. *20–25 Minuten* backen. Stäbchenproben machen und gegebenenfalls mit Alufolie abdecken, damit der Kuchen oben nicht zu dunkel wird.

Pfirsich-Quarkkuchen
no bake

ZUTATEN FÜR EINE SPRINGFORM MIT 20 CM Ø

Für den Boden

100 g Mehl Type 550

80 g brauner Zucker

75 g weiche Butter

Für die Füllung

500 g Quark, 20 %

120 g Zucker

100 g Sahne

1 Pck. Sahnesteif

3 Blatt Gelatine

250 g Pfirsiche, alternativ eine kleine Dose Pfirsiche

300 ml gelber Smoothie

1 EL Speisestärke

1 EL Zucker

Für das Topping

200 ml gelber Smoothie

2 Blatt Gelatine

ZUBEREITUNG

1. Den Ofen auf *180 °C Umluft* vorheizen. Für den Boden die Springform (den Boden und den Rand) mit Backpapier auslegen. Alle Zutaten für den Boden zu einem krümeligen Teig verarbeiten. Diesen in die Form drücken. Für ca. *10 Minuten* backen.

2. Für die Füllung den Quark mit Zucker in eine Rührschüssel geben und verrühren.

3. Die Sahne mit dem Sahnesteif aufschlagen und unter die Quarkmasse heben. Die Gelatine mit kaltem Wasser einweichen und in einem kleinen Topf mit 1 EL der Creme bei niedriger Hitze schmelzen. Die Gelatine mit der Creme angleichen und zügig unter die Restcreme rühren. (Angleichen, siehe Seite 152)

4. Die Pfirsiche klein würfeln und beiseitestellen. Den Smoothie bis auf 2–3 EL in einem Topf aufkochen. Die Stärke, Zucker und den Rest des Smoothies in einer Schüssel verrühren und in den kochenden Smoothie rühren. Cremig einkochen und auskühlen lassen.

5. Die gewürfelten Pfirsiche unter die Smoothiecreme rühren. Nun *ein Drittel* der Quarkcreme auf den Boden geben. Die Hälfte der Pfirsichcreme darauf verteilen und mit einer Gabel verquirlen. Das Ganze wiederholen und mit dem letzten Drittel Quarkcreme abschließen.

6. Den Smoothie aufkochen, die Gelatine währenddessen einweichen. Die Gelatine in dem heißen Smoothie auflösen und kurz auskühlen lassen.

7. Die lauwarme Mischung auf dem Quark gleichmäßig verteilen. Den Kuchen für mindestens *4–5 Stunden* kalt stellen.

Mango-Passionsfrucht-Cheesecake im Filoteig

ZUTATEN FÜR EINE SPRINGFORM MIT 22 CM Ø

1 Pck. Filoteig
100 g flüssige Butter
400 g Doppelrahmfrischkäse
400 g Mascarpone
200 g Zucker
3 Eier, Gr. M
100 g Mango-Püree
2 EL Speisestärke
Zeste von 1 Bio-Limette
1 Mango

Für das Topping

300 g Passionsfruchtfleisch
150 g Zucker

ZUBEREITUNG

1. Den Ofen auf *130 °C Ober-/Unterhitze* vorheizen. Den Filoteig in sechs bis sieben Kreise mit 30 cm Ø schneiden. Die Form fetten und am Boden mit Backpapier auslegen. Die Teigschichten in die Form geben und dazwischen mit Butter bepinseln.

2. Den Frischkäse mit Mascarpone, Zucker, Eier und Mango-Püree langsam zu einem glatten Teig verrühren. Die Speisestärke und die Zeste unterrühren. Die Mango würfeln, vorsichtig unterrühren und auf den Filoteig geben. Den Cheesecake *45 Minuten* backen und im offenen Ofen auskühlen lassen.

3. Das Passionsfruchtfleisch mit dem Zucker aufkochen und für *3–4 Minuten* cremig einkochen.

4. Den Cheesecake mit der eingekochten Passionsfrucht toppen.

Erdbeer-Törtchen

ZUTATEN FÜR 3 TÖRTCHEN

Für den Teig

3 Eier, Gr. M

60 g Zucker

45 g Mehl Type 550

1 Msp. Backpulver

Für die Creme

200 g Sahne

2 Pck. Vanillezucker

1 Pck. Sahnesteif

Für das Topping

250 g Erdbeeren

1 EL Zucker

1 EL Zitronensaft

1 Pck. roter Tortenguss

ZUBEREITUNG

1. Den Ofen auf *180 °C Umluft* vorheizen. Die Eier trennen. Das Eiweiß zusammen mit dem Zucker steif schlagen. Die Eigelbe unterrühren, das Mehl und das Backpulver unterheben.

2. Den Biskuitteig in 3 Servierringe mit ca. 8 cm Ø füllen und ca. *10–15 Minuten* backen.

3. Die Sahne zusammen mit dem Vanillezucker und Sahnesteif aufschlagen. Die Erdbeeren waschen und halbieren. Mit Zucker und Zitronensaft mischen.

4. Zum Schichten den Biskuit aus dem Ring nehmen. 1 cm dick mit Sahne bestreichen. Die Erdbeeren darauf verteilen, Tortenguss nach Packungsanleitung zubereiten und vorsichtig auf die Erdbeeren geben.

Tipp

Wer mag, kann selbstverständlich auch auf den Tortenguss verzichten. Dann sollten die Törtchen aber schnell gegessen werden.

Brombeer-Cheesecake-Tarte

ZUTATEN FÜR EINE TARTEFORM MIT 26 CM Ø

Für den Teig

100 g Puderzucker
100 g Mehl Type 550
50 g Kakaopulver
70 g Butter
1 Ei, Gr. M

Für die Creme

400 g Doppelrahmfrischkäse
400 g Mascarpone
200 g Zucker
3 Eier, Gr. M
100 g frische Brombeeren
2 EL Speisestärke
Zeste von 1 Bio-Limette

Für die Deko

250 g frische Brombeeren
Zeste von 1 Bio-Limette

ZUBEREITUNG

1. Den Ofen auf *170 °C Umluft* vorheizen. Alle Teigzutaten miteinander verkneten und in eine Tarteform drücken. Die Form für *30 Minuten* in den Kühlschrank stellen. Danach *15 Minuten* blindbacken. (Blindbacken, siehe Seite 152)

2. Den Ofen für den Cheesecake auf *140 °C* vorheizen. Alle Zutaten für den Cheesecake/die Creme miteinander verrühren, in eine große Auflaufform geben und flach für *20–30 Minuten* backen. Auskühlen lassen und *1 Stunde* kalt stellen. Den Cheesecake in ein hohes Gefäß geben und mit einem Pürierstab zu einer glatten Creme verrühren. Wenn die Masse zu fest sein sollte, kann man 2–3 EL Milch dazugeben. Die pürierte Creme nochmal *4–5 Stunden* kalt stellen. Danach in einen Spritzbeutel mit runder Lochtülle füllen und den Tarteboden mit gleichmäßigen Tupfen füllen. Mit frischen Brombeeren und Limettenzeste ausdekorieren.

Tipp

Es ist sinnvoll, die Cheesecake-Creme schon am Vortag vorzubereiten. Der Aufwand lohnt sich!

Gefüllte Himbeer-Madeleines

ZUTATEN FÜR 10–15 STÜCK

Für den Teig

250 g Eiweiß

200 g Puderzucker

125 g gemahlene Mandeln

100 g Mehl Type 550

½ TL Backpulver

150 g flüssige Butter

Für die Creme

150 g Sahne

50 g Himbeerpüree

150 g weiße Schokolade

Für die Deko

1 Pck. Himbeeren

Puderzucker

ZUBEREITUNG

1. Für den Teig das Eiweiß und den Puderzucker verrühren. Die Mandeln, Mehl und Backpulver dazugeben. Zum Schluss die flüssige Butter unterrühren. Den Teig umfüllen und *2–3 Stunden* im Kühlschrank kalt stellen.

2. Den Ofen auf *180 °C Umluft* aufheizen. Ein Madeleines-Blech fetten und mehlen. Jeweils 1–2 EL Teig in die Mulden füllen und ca. *10–12 Minuten* backen.

3. Die Madeleines noch warm aus der Form stürzen und auf einem Kuchengitter auskühlen lassen.

4. Für die Creme Sahne und Himbeerpüree in einem kleinen Topf zum Kochen bringen. Die weiße Schokolade unterrühren, darin auflösen und in eine Schüssel umfüllen. Mindestens *4–5 Stunden* kühl stellen.

5. Die gekühlte Creme aufschlagen, bis sie Stand hat und danach in einen Spritzbeutel mit Sterntülle füllen. Die Madeleines halbieren, die Creme auf eine Hälfte spritzen und die andere Hälfte schräg dagegensetzen. In die Creme noch eine Himbeere andrücken. Mit Puderzucker bestäuben.

Tipp

Die Creme am besten am Vortag vorbereiten, damit die Ganache wieder schön kalt werden kann.

HOCH–
STAPLER

Charlotte mit Holunder-Beeren

ZUTATEN FÜR EINE SPRINGFORM MIT 18 CM Ø

Für den Teig

2 Eier, Gr. M

40 g Zucker

30 g Mehl Type 550

Für die Creme

100 g Quark, 20 %

100 g Sahne

50 g Holunderblütensirup

2 Blatt Gelatine

Für die Füllung

200 g gemischte Beeren

Für die Deko

2 Pck. Löffelbiskuits

150 g Ruby-Schokolade

300 g gemischte Beeren

ZUBEREITUNG

1. Den Ofen auf *180 °C Umluft* vorheizen. Die Eier trennen. Das Eiweiß zusammen mit dem Zucker aufschlagen. Die Eigelbe unter die Eiweißmasse rühren. Das Mehl darübersieben und vorsichtig unterheben. Den Teig in die Springform geben und für *15–20 Minuten* backen. Auskühlen lassen.

2. Den Quark zusammen mit Sahne und Holunderblütensirup aufschlagen. Die Gelatine einweichen und in einem Topf zum Schmelzen bringen. Die flüssige Gelatine mit der Creme angleichen, unterrühren und beiseitestellen. (Angleichen, siehe Seite 152)

3. Die Beeren waschen, halbieren und unter die Creme rühren. Einen Tortenring um den Boden legen. Die Creme darauf geben und für *4–5 Stunden* kalt stellen.

4. Die Torte aus dem Tortenring nehmen, dafür vorsichtig mit einem heiß abgespülten Messer am Rand entlangfahren.

5. Die Ruby-Schokolade schmelzen, die Spitzen der Löffelbiskuits darin eintauchen und nebeneinander außenherum an die Torte setzen. Obendrauf mit gemischten Beeren dekorieren.

Bunte Streuseltorte
mit Frischkäse-Frosting

ZUTATEN FÜR EINE SPRINGFORM MIT 15 CM Ø

Für den Teig

200 g Mehl

150 g Zucker

85 g Sonnenblumenöl

100 g flüssige Butter

170 g Buttermilch

½ Pck. Backpulver

½ TL Natron

2 Eier, Gr. M

1 Pck. backfeste bunte Streusel

Für die Creme

250 g Doppelrahmfrischkäse

250 g weiche Butter

1 Pck. Vanillezucker

Zeste von 1 Bio-Zitrone

100 g Puderzucker

Für die Deko

1 Packung bunte Streusel

ZUBEREITUNG

1. Den Ofen auf *160 °C Ober-/Unterhitze* vorheizen. Alle Zutaten für den Teig in einer Rührschüssel zu einer glatten Masse verarbeiten. In eine mit Backpapier ausgelegte Springform füllen und für ca. *30 Minuten* backen, Stäbchentest machen und gegebenenfalls nochmal *10–15 Minuten* nachbacken.

2. Den Boden gut auskühlen lassen und in 3 Böden schneiden.

3. Den Frischkäse raumtemperiert zusammen mit der weichen Butter, Vanillezucker, Zeste und Puderzucker aufschlagen.

4. Die Hälfte der Creme beiseitestellen. Mit der restlichen Creme die Tortenböden bestreichen und aufeinanderstapeln. Ca. *2–3 Stunden* kalt stellen.

5. Danach die Torte mit der beiseitegestellten Creme rundherum dünn einstreichen und mit bunten Streuseln dekorieren. Die übrige Creme in einen Spritzbeutel mit runder Spritztülle füllen und die Oberseite der Torte mit Tupfern dekorieren. Bis zum Servieren kalt stellen.

Vegane Sachertorte

ZUTATEN FÜR EINE SPRINGFORM MIT 20 CM Ø

Für den Teig

130 g Margarine

150 g Zucker

1 Pck. Vanillezucker

150 g Apfelmus

200 g Zartbitterschokolade

250 g Mehl Type 550

1 Pck. Backpulver

80 g Kakaopulver

120 g Aprikosenkonfitüre

etwas Mineralwasser, nach Bedarf

Für die Glasur

200 g vegane Sahne

200 g Zartbitterschokolade

50 g Kokosfett

ZUBEREITUNG

1. Den Ofen auf *180 °C Ober-Unterhitze* vorheizen. Die Schokolade auf dem Wasserbad schmelzen. Die Margarine zusammen mit dem Zucker schaumig aufschlagen. Den Vanillezucker, Apfelmus und die geschmolzene Zartbitterschokolade dazugeben. Das Mehl, Backpulver und Kakao dazugeben und gut verrühren. Falls der Teig zu fest sein sollte, mit *3–4 EL* Mineralwasser auflockern.

2. Den Teig in eine mit Backpapier ausgelegte Springform geben und für ca. *30-40 Minuten* backen. Die Stäbchenprobe machen und auskühlen lassen. Den ausgekühlten Teig in 2 Böden schneiden. Die Konfitüre aufkochen und auf einem Boden verteilen. Kurz antrocknen lassen und dann den zweiten Boden daraufsetzen. *1 Stunde* kalt stellen.

3. Für die Glasur die Sahne aufkochen und vom Herd nehmen. Die Schokolade in der heißen Sahne schmelzen und das Kokosfett einrühren.

4. Die Torte auf ein Tortengitter geben und reichlich Glasur auf der Torte verteilen, sodass sie an den Seiten herunterläuft. Kurz warten, dann die Torte vom Gitter auf eine Tortenplatte heben.

Variante

Für eine nicht-vegane Variante können Milchprodukte verwendet werden. Anstatt Apfelmus können 3 Eier verarbeitet werden.

Himbeer-Mascarpone-Torte

ZUTATEN FÜR EINE SPRINGFORM MIT 18 CM Ø

Für den Teig

200 g Mehl Type 550

150 g Zucker

1 Pck. Vanillezucker

85 g Sonnenblumenöl

100 g flüssige Butter

170 g Buttermilch

½ Pck. Backpulver

½ TL Natron

2 Eier, Gr. M

Für die Füllung

400 g Mascarpone

100 g Zucker

1 Pck. Vanillezucker

250 g Himbeeren

3 EL Himbeerkonfitüre

Für die Deko

300 g Mascarpone

80 g Zucker

rosa Lebensmittelfarbe

125 g Himbeeren

ZUBEREITUNG

1. Den Ofen auf *160 °C Ober-/Unterhitze* vorheizen. Alle Zutaten für den Teig in einer Rührschüssel zu einer glatten Masse verarbeiten. In eine mit Backpapier ausgelegte Springform füllen und für ca. *30 Minuten* backen, Stäbchentest machen und gegebenenfalls nochmal *10–15 Minuten* nachbacken. Die Böden gut auskühlen lassen und in 3 Böden schneiden.

2. Für die Füllung den Mascarpone mit Zucker und Vanillezucker aufschlagen, bis die Creme guten Stand hat. Die Himbeeren waschen, halbieren und mit der Himbeerkonfitüre vermengen.

3. Zum Füllen der Torte den ersten Boden mit der Hälfte der Creme und der Hälfte der Himbeeren bestreichen, mit dem zweiten Boden genauso verfahren. Den dritten Boden oben auflegen. Die Torte *30 Minuten* kalt stellen.

4. Für die Deko den Mascarpone mit dem Zucker und ein paar Tropfen der Lebensmittelfarbe aufschlagen. Die Torte damit dünn einstreichen. Die restliche Creme in einen Spritzbeutel mit Spritztülle füllen und die Torte mit Tupfern und frischen Himbeeren dekorieren.

Dreierlei-Mousse-Torte

ZUTATEN FÜR EINE SPRINGFORM MIT 20 CM Ø

Für den Boden

2 Eier, Gr. M
1 Prise Salz
2 EL heißes Wasser
90 g Zucker
50 g Mehl Type 550
25 g Speisestärke
25 g Kakaopulver
¼ TL Backpulver

Für die dunkle Mousse

100 g Zartbitterschokolade
100 g Sahne
2 Eier, Gr. M
50 g Zucker

Für die Vollmilch-Mousse

100 g Vollmilchschokolade
100 g Sahne
2 Eier, Gr. M
50 g Zucker
2 Blatt Gelatine

Für die helle Mousse

150 g weiße Schokolade
2 Blatt Gelatine
2 EL Joghurt
2 Eiweiße
200 g Sahne

ZUBEREITUNG

1. Den Ofen auf *180 °C Umluft* vorheizen. Die Eier trennen. Die Eiweiße mit dem Salz schaumig schlagen und kalt stellen. Die Eigelbe mit Zucker und 2 EL heißem Wasser schaumig aufschlagen. Das Mehl mit Speisestärke, Kakao und Backpulver mischen und sieben.

2. Das geschlagene Eiweiß und die gesiebte Mehlmischung abwechselnd in mehreren Schritten unter die Eigelbmasse heben. Den Teig in eine mit Backpapier ausgelegte Springform geben und für *10 Minuten* backen. Direkt aus der Form lösen und auf einem Gitter auskühlen lassen. Einen hohen Tortenring um den Boden legen.

3. Für die dunkle Mousse die Schokolade schmelzen. Die Eier trennen. Die Eigelbe mit dem Zucker schaumig aufschlagen. Eiweiß und die Sahne locker aufschlagen und kalt stellen. Die geschmolzene Schokolade unter die Eigelbmasse rühren. Das Eiweiß in 2–3 Tranchen unter die Creme heben und zum Schluss die Sahne vorsichtig unterheben. Die Mousse auf dem Boden verteilen und kalt stellen. Für die Vollmilch-Mousse genauso vorgehen wie für die dunkle Mousse und am Ende mit Gelatine angleichen und auf der dunklen Mousse verteilen. (Angleichen, siehe Seite 152)

4. Für die helle Mousse die Schokolade schmelzen. Die Gelatine einweichen, in einem Topf zum Schmelzen bringen und mit Joghurt angleichen. (Angleichen, siehe Seite 152) Die Gelatine-Mischung unter die Schokolade rühren. Das Eiweiß und die Sahne locker aufschlagen. Zuerst das Eiweiß in 2 Tranchen unter die Schokolade heben. Dann die Sahne unterheben. Die Mousse auf die Vollmilchmousse geben und die gesamte Torte über Nacht kalt stellen.

Heidelbeer-Quarktorte mit Zitrone

ZUTATEN FÜR EINE SPRINGFORM MIT 18 CM Ø

Für den Teig

6 Eier, Gr. M

120 g Zucker

90 g Mehl Type 550

Für die Creme

300 g Quark, 20 %

150 g Sahne

80 g Zucker

5 Blatt Gelatine

Zeste von 1 Zitrone

Für die Füllung

500 g Heidelbeeren

80 g Zucker

2 EL Zitronensaft

Für die Deko

30 g Sahne

1 Pck. Sahnesteif

ZUBEREITUNG

1. Den Ofen auf *180 °C Umluft* vorheizen. Die Eier trennen. Das Eiweiß zusammen mit dem Zucker aufschlagen. Die Eigelbe unter die Eiweißmasse rühren. Das Mehl darüber sieben und vorsichtig unterheben.

2. Den Teig *15–20 Minuten* backen. Auskühlen lassen und in 3 Böden schneiden.

3. Einen Tortenring um den ersten Boden stellen.

4. Den Quark zusammen mit Sahne und Zucker aufschlagen. Die Gelatine einweichen und in einem Topf zum Schmelzen bringen. Die flüssige Gelatine mit der Creme angleichen und unterrühren. (Angleichen, siehe Seite 152) Mit den Zesten abschmecken und beiseitestellen.

5. Die Heidelbeeren mit Zucker und Zitronensaft ca. *5–10 Minuten* bei mittlerer Hitze cremig einkochen. Gut auskühlen lassen.

6. Zum Füllen 2–3 EL Heidelbeeren auf den Boden geben. Die Hälfte der Quarkcreme daraufgeben. Den zweiten Boden obendrauf geben und genauso verfahren wie mit dem ersten. Den letzten Boden obendrauf geben und *3–4 Stunden* oder über Nacht kalt stellen.

7. Die Sahne mit dem Sahnesteif aufschlagen. Die Torte aus dem Tortenring nehmen, dafür vorsichtig mit einem heiß abgespülten Messer am Rand entlangfahren.

8. Die Torte mit der Sahne einstreichen. Den Rest der eingekochten Heidelbeeren darauf verteilen und mit einem Klecks Sahne von innen nach außen ein ringförmiges Muster ziehen.

9. Bis zum Servieren kalt stellen.

Schwarzwälder mal anders

ZUTATEN FÜR EINE SPRINGFORM MIT 20 CM Ø

Für den Teig

6 Eier, Gr. M

120 g Zucker

60 g Mehl Type 550

40 g Kakaopulver

Für die Füllung

200 g frische Kirschen

50 g Zucker

1 EL Zitronensaft

100 g Mascarpone

300 g Sahne

2 Pck. Vanillezucker

1 Pck. Sahnesteif

Außerdem

150 ml Kirschwasser

200 g frische Kirschen

100 g Schokostreusel

ZUBEREITUNG

1. Den Ofen auf *180 °C Umluft* vorheizen. Die Eier trennen. Das Eiweiß zusammen mit dem Zucker aufschlagen. Das Mehl mit dem Kakao mischen. Die Eigelbe unter die Eiweißmasse rühren. Die Mehl-Kakao-Mischung darüber sieben und vorsichtig unterheben.

2. Den Teig für *15–20 Minuten* backen. Auskühlen lassen und in 3 Böden schneiden.

3. Die Kirschen waschen, entsteinen und halbieren. Mit Zucker und Zitronensaft in einem Topf zum Kochen bringen. Bei mittlerer Hitze *5 Minuten* einkochen lassen.

4. Den Mascarpone, Sahne, Vanillezucker und Sahnesteif miteinander zu einer standfesten Creme aufschlagen.

5. Zum Schichten einen Boden auf eine Tortenplatte legen und mit Kirschwasser beträufeln.

6. Ein Drittel der Creme mit einem Löffel darauf verteilen. 2–3 EL eingekochte Kirschen darauf verteilen. Mit dem zweiten Boden ebenso verfahren. Den dritten Boden obendrauf legen und die restliche Creme darauf streichen. Mit frischen Kirschen toppen und mit Schokostreuseln dekorieren.

Pistazien-Vanille-Windbeutel

ZUTATEN FÜR CA. 30 KLEINE WINDBEUTEL

Für den Teig

250 ml Milch

4 g Salz

10 g Puderzucker

100 g kalte Butter

150 g Mehl Type 550

4 Eier, Gr. M

100 g Hagelzucker

Für die Füllung

400 ml Milch

3 Eigelb

1 Ei, Gr. M

100 g Zucker

50 g Speisestärke

Mark von 1 Vanilleschote

Für die Deko

150 g weiße Schokolade

1 Glas Pistaziencreme (z. B. Rewe Eigenmarke)

ZUBEREITUNG

1. Den Ofen auf *175 °C Umluft* vorheizen. Für den Teig die Milch mit Salz, Puderzucker und Butter aufkochen. Das Mehl dazugeben und unter Rühren abbrennen, bis am Boden des Topfes ein Belag entsteht.

2. Die Brandteigmasse in eine Rührschüssel geben und die Eier nacheinander dazugeben.

3. Die Masse in einen Spritzbeutel füllen und auf ein mit Backpapier ausgelegtes Blech ca. 3 cm große Kleckse aufspritzen. Mit Hagelzucker bestreuen und ca. *20 Minuten* backen.

4. Während des Backens den Ofen stetig geschlossen halten, ansonsten fallen die Windbeutel ein.

5. In der Zwischenzeit die Milch für die Creme aufkochen. Eigelbe, Ei, Zucker, Speisestärke und Vanille in einer Schüssel cremig aufschlagen. Sobald die Milch kocht, die Eimasse unterrühren und cremig einkochen. Dabei ständig rühren, um Klümpchen zu vermeiden.

6. Die Creme flach auf ein Blech ausstreichen und mit Frischhaltefolie abdecken, sodass die Folie die Oberfläche der Creme berührt. So entsteht keine Haut. Die ausgekühlte Creme in einen Spritzbeutel füllen und mit Hilfe einer Krapfen-Spritztülle in die Windbeutel spritzen. Die Windbeutel kalt stellen.

7. Die weiße Schokolade schmelzen, die Windbeutel darin eintunken und zu einem Berg aufeinander aufbauen. Die Pistaziencreme kurz erwärmen, sodass sie flüssiger wird und über die Windbeutel träufeln. Bis zum Servieren kalt stellen.

Erdbeer-Pavlova-Torte

ZUTATEN FÜR EINE KLEINE TORTE MIT CA. 15 CM Ø

Für den Teig

6 Eiweiß

250 g Zucker

2 EL Speisestärke

2 TL Essig

Für die Creme

500 g Sahne

Mark von 1 Vanilleschote

100 g Puderzucker

Außerdem

500 g Erdbeeren

ZUBEREITUNG

1. Den Ofen auf *120 °C Umluft* vorheizen. Die Eiweiße in einer Rührschüssel aufschlagen. Sobald das Eiweiß steif zu werden beginnt, den Zucker ganz langsam einrieseln lassen. Wenn der gesamte Zucker im Eiweiß aufgelöst ist, Speisestärke und Essig dazugeben. Dadurch bekommt die Meringe einen schönen silbrigen Glanz.

2. Auf einem Backpapier 4 gleich große Kleckse aufstreichen. Mit einem Löffel kleine Spitzen in die Meringe einarbeiten. (Spitzen in die Meringe einarbeiten, siehe Seite 152) Den Ofen auf *100 °C* herunterschalten. Die Meringen ca. *40 Minuten* backen und bei offenem Ofen auskühlen lassen.

3. Die Sahne mit der Vanille und dem Puderzucker aufschlagen. Die einzelnen Meringe-Böden mit der Sahne bestreichen. Die Erdbeeren waschen, halbieren und auf der Sahne verteilen. Die Meringe-Böden mit Füllung übereinander stapeln und mit weiteren Erdbeeren ausdekorieren.

DAS BESTE
ZUM SCHLUSS

Eton Mess mit Beeren

ZUTATEN FÜR 2–3 PERSONEN

Für die Meringen

50 g frisches Eiweiß

100 g Zucker

1 TL weißer Essig

1 TL Speisestärke

Für die Beeren

200 g Erdbeeren

125 g Himbeeren

2 Pck. Vanillezucker

2 EL Zitronensaft

100 g Mandelstifte

Für die Creme

200 g Crème double, alternativ Mascarpone

50 g Zucker

1 Pck. Vanillezucker

ZUBEREITUNG

1. Den Ofen auf *110 °C Ober-/Unterhitze* vorheizen. Für die Meringen das Eiweiß mit dem Zucker in eine Schüssel geben und mit dem Handrührgerät so lange aufschlagen, bis die Masse weiß und fluffig ist. Sie sollte sich mindestens verdreifacht haben und der Zucker komplett gelöst sein.

2. Unter Rühren den Essig und die Speisestärke dazugeben. Die Meringe bekommt einen silbrigen Glanz.

3. Nun die Masse mit einem Esslöffel auf einem mit Backpapier ausgelegten Backblech in ca. 5 cm große Kleckse aufteilen und *30 Minuten* backen. Danach die Ofentür öffnen und die Meringen langsam im Ofen auskühlen lassen.

4. Die Beeren waschen und das Grün der Erdbeeren wegschneiden. Die Hälfte der Beeren in eine Schüssel geben und grob mit einer Gabel zerdrücken. Die restlichen Himbeeren ganz und die Erdbeeren halbiert dazugeben und mit dem Vanillezucker und Zitronensaft vorsichtig vermengen.

5. Die Mandelstifte *3–4 Minuten* in einer Pfanne bei mittlerer Hitze rösten und zum Auskühlen beiseitestellen.

6. Für die Creme wird Crème double zusammen mit dem Zucker und Vanillezucker in einer Schüssel mit dem Handrührgerät aufgeschlagen. Nicht zu steif schlagen, die Creme sollte schön cremig bleiben.

7. Nun werden die fertigen Komponenten abwechselnd in hohe Gläser geschichtet. Je mehr Schichten, umso aufregender das Essgefühl.

Tipp

Um zu testen, ob sich der Zucker aufgelöst hat, die Meringe zwischen den Fingern zerreiben.

Variante

Für die vegane Variante das Eiweiß durch Kichererbsenwasser ersetzen und die Crème double durch vegane Sahne.

Ofenschlupfer

Meine Kindheitserinnerung

ZUTATEN FÜR 2 PERSONEN

4 Weizenbrötchen vom Vortag, gerne auch älter

4 Äpfel

500 ml Milch

4 Eier, Gr. M

150 g Zucker

2 EL kalte Butter

50 g Zimt-Zucker-Mischung

Öl zum Braten

ZUBEREITUNG

1. Den Ofen auf *160 °C Umluft* vorheizen. Die Brötchen in 5 mm dicke Scheiben schneiden. Die Äpfel schälen und ebenfalls in 5 mm dicke Scheiben schneiden. Eine Auflaufform mit Butter fetten. Die Brötchen und Apfelscheiben nacheinander hinein schichten.

2. Die Milch mit Eiern und Zucker vermengen und über die Apfel- und Brötchenscheiben in die Auflaufform geben. Die Apfel-Brot-Masse sollte mindestens zur Hälfte in Milch getränkt sein.

3. Die Butter in Flocken darübergeben und den Zimt-Zucker ebenfalls darüberstreuen.

4. *20–30 Minuten* backen, bis die Oberfläche des Ofenschlupfers knusprig braun ist.

Tipp

Am besten schmeckt der Ofenschlupfer frisch und warm aus dem Ofen mit kalter Vanillesauce.

Apfel-Crumble mit Nicecream

ZUTATEN FÜR 2–4 PERSONEN

4 Äpfel

2 EL Zitronensaft

2 EL brauner Zucker

Für das Crumble

100 g Mehl Type 550

70 g brauner Zucker

70 g weiche Butter

1 Pck. Vanillezucker

Für die Nicecream

250 g TK-Bananenscheiben

Mark von 1 Vanilleschote

100–150 ml Milch

ZUBEREITUNG

1. Den Ofen auf *160 °C Umluft* vorheizen. Die Äpfel schälen, würfeln, mit Zitronensaft und Zucker vermischen und in eine kleine Auflaufform geben.

2. In einer Küchenmaschine alle Zutaten für das Crumble vermischen und mit den Fingern über den Äpfeln verteilen. Für ca. *20 Minuten* backen, bis es eine schöne Farbe angenommen hat.

3. In der Zwischenzeit die Zutaten für die Nicecream in einen Hochleistungsmixer geben und zu einer glatten Creme pürieren. Danach im Gefrierfach kalt stellen.

4. Das fertige, noch warme Crumble auf einen Teller schöpfen und eine Kugel Nicecream dazugeben.

Tipp

Manche Mixer fassen kleinere Mengen nicht. In dem Fall kann man die Eismenge verdoppeln und in einer Kunststoffbox im Gefrierfach lagern. Die Nicecream hält bis zu 4 Wochen.

Vanille-Kokos-Granola

ZUTATEN

100 g gepuffter Quinoa
100 g gepuffter Reis
100 g Cornflakes
100 g gepuffter Dinkel
100 g Kokoschips
125 g Mandelstifte
100 g kernige Haferflocken
200 ml Ahornsirup
50 ml Kokosöl
1 EL Vanillepulver

ZUBEREITUNG

1. Den Ofen auf *160 °C Umluft* vorheizen.
2. Alle Zutaten in einer großen Schüssel miteinander vermengen. Auf ein mit Backpapier ausgelegtes Backblech geben und gleichmäßig verteilen.
3. Ca. *15–20 Minuten* backen, bis das Granola goldbraun ist. Zwischendurch umrühren.
4. Nach dem Backen gut auskühlen lassen und luftdicht verpacken.

Tipp

Granola ist sehr flexibel, was die Zutaten angeht. Man kann nach dem Backen noch getrocknete Früchte untermischen, Kakaonibs sorgen für Crunch. Mein absoluter Favorit ist die Variante mit Haselnüssen und Schokostückchen.

Zitronen-Tiramisu

ZUTATEN FÜR 3 GLÄSER

Für Biskuits und Sahnemasse

18 Löffelbiskuits

150 ml Milch

300 g Mascarpone

100 g Sahne

Zeste von 1 Bio-Zitrone

80 g Zucker

Für die Zitronencreme

200 g Zitronensaft

90 g Zucker

1 EL Speisestärke

1 Ei, Gr. M

50 g kalte Butter

ZUBEREITUNG

1. Die Löffelbiskuits und die Milch in Schüsseln vorbereiten. Den Mascarpone mit Sahne, Zitronenzeste und Zucker zu einer lockeren Creme aufschlagen.

2. Für die Zitronencreme den Zitronensaft zum Kochen bringen. Den Zucker, Speisestärke und Ei in einer Schüssel glattrühren. Sobald der Saft kocht, die Zucker-Mischung einrühren und unter Rühren für *1–2 Minuten* einkochen. Die kalte Butter einrühren und abkühlen lassen.

3. Zum Schichten 2–3 Löffelbiskuits in Milch eintauchen, halbieren und in das Glas legen. 2–3 Esslöffel Mascarpone darauf geben und 1–2 Esslöffel Zitronencreme. Weiter so verfahren, bis die Gläser voll sind. Am besten schmeckt das Tiramisu, wenn es eine Nacht durchziehen kann.

Trilece

ZUTATEN FÜR EINE SPRINGFORM MIT 20 CM Ø

Für den Teig

4 Eier, Gr. M

150 g Zucker

200 g Mehl Type 550

½ Pck. Backpulver

Für die Tränke

800 g Milch

300 g Sahne

1 Dose Kondensmilch, 420 ml

Für das Topping

300 g Sahne

200 g Karamell, siehe Seite 82

ZUBEREITUNG

1. Den Ofen auf *170 °C Umluft* vorheizen. Für den Teig die Eier trennen, das Eiweiß zusammen mit dem Zucker *5 Minuten* aufschlagen. Die Eigelbe unterrühren. Das Mehl mit dem Backpulver mischen, über die Eiweiß-Masse sieben und zügig unterheben. Den Teig in eine mit Backpapier ausgelegte Springform geben und *20 Minuten* backen.

2. In der Zwischenzeit die Milch, Sahne und Kondensmilch einmal aufkochen. Den gebackenen Teig mehrmals mit einem Zahnstocher einstechen und die Tränke nach und nach darauf verteilen. Wenn der Teig die gesamte Flüssigkeit aufgesogen hat und ausgekühlt ist, wird die Sahne aufgeschlagen und darauf verteilt. Kurz vorm Servieren das ausgekühlte Karamell auf der Sahne verteilen.

Cheesecake im Glas mit Früchten

ZUTATEN FÜR 2 GLÄSER

1 Graham Cracker (siehe Seite 42)

300 g Doppelrahmfrischkäse

80 g Zucker

1 Pck. Vanillezucker

125 g gemischte Früchte oder Beeren

ZUBEREITUNG

1. Die Graham Cracker mit den Fingern grob in die Gläser bröseln. Den Frischkäse zusammen mit dem Zucker und Vanillezucker für ca. 2–3 Minuten cremig aufschlagen.

2. Die Creme in die Gläser verteilen. Beeren oder Früchte waschen, halbieren oder klein schneiden und auf der Creme verteilen. *1 Stunde* kalt stellen.

Millefeuille vom Filoteig mit Vanille-Mascarponecreme

ZUTATEN FÜR 1 PORTION

1–2 Blätter Rest-Filoteig

200 g Mascarpone

Mark 1 Vanilleschote

50 g Zucker

125 g Himbeeren

ZUBEREITUNG

1. Den Ofen auf *160 °C Umluft* aufheizen. Den Filoteig auf ein mit Backpapier ausgelegtes Blech legen und 2–3 Minuten knusprig braun backen.

2. Den Mascarpone mit der Vanille und dem Zucker steif aufschlagen. Die Creme in einen Spritzbeutel mit Sterntülle abfüllen.

3. Den Filoteig in ca. 3–4 gleichgroße Stücke brechen, die Creme in Tupfern darauf spritzen und die Himbeeren oben auflegen. Mit den anderen Stücken ebenso verfahren und übereinanderlegen. Direkt vernaschen.

Passionsfruchtmousse mit geflämmter Meringe

ZUTATEN FÜR 2 GLÄSER

Für die Mousse

4 Passionsfrüchte

80 g Zucker

1 EL Speisestärke

100 g Sahne

Für die Meringe

50 g Eiweiß

100 g Zucker

ZUBEREITUNG

1. Die Passionsfrüchte halbieren und das Fruchtfleisch in einen Topf geben. Mit einem Schuss Wasser und Zucker aufkochen. Die Speisestärke mit 2–3 EL Flüssigkeit verrühren und in den Topf geben. Die Creme dick einkochen und auskühlen lassen.

2. Die Sahne aufschlagen und unter die ausgekühlte Creme heben. Die Mousse auf zwei Gläser verteilen. Den Zucker in einen Topf geben, mit 50 ml Wasser 2 Minuten aufkochen lassen. Währenddessen das Eiweiß in eine Schüssel geben und aufschlagen.

3. Den Zuckersirup langsam zum Eiweiß gießen und weiterschlagen. Sobald die Meringe-Masse abgekühlt ist, großzügig auf der Mousse verteilen und mit einem Crème-Brûlée-Brenner abflämmen. Bis zum Servieren kalt stellen.

Erdbeer-Sahnelikör-Tiramisu

ZUTATEN FÜR EINE 15 X 15 CM AUFLAUFFORM

20 Löffelbiskuits

150 ml Milch

100 ml Erdbeer-Sahnelikör

400 g Mascarpone

200 g Sahne

100 g Zucker

250 g Erdbeeren

ZUBEREITUNG

1. Für das Tiramisu die Löffelbiskuits bereitlegen. Die Milch mit dem Likör mischen. Den Mascarpone mit Sahne und Zucker zu einer Creme aufschlagen. Die Erdbeeren waschen und halbieren.

2. Zum Schichten die Löffelbiskuits in die Milch-Mischung legen, die halbierten Erdbeeren darauf verteilen und ein Drittel der Creme darauf verstreichen. Zwei weitere Male gleich verfahren und mit der Restcreme abschließen.

3. Das Tiramisu für ca. *3–4 Stunden* kalt stellen. Eine Nacht durchgezogen schmeckt es noch köstlicher.

HERZHAFTES BACKWERK

ZUM TRÄUMEN UND GENIESSEN

Hawaii-Franzbrötchen

ZUTATEN FÜR 1 BLECH

Für den Teig

500 g Mehl Type 550

20 g Frischhefe

40 g Zucker

10 g Salz

125 g Butter

100 ml kalte Milch

6–8 Eiswürfel

Für die Tourierbutter

200 g weiche Butter

1 EL Mehl Type 550

Für die Füllung

100 g Tomatenmark

200 g geriebener Mozzarella

4–5 Scheiben gekochter Schinken

4–5 EL gewürfelte Ananas

ZUBEREITUNG

1. Für den Teig werden alle Zutaten und 100 ml kaltes Wasser miteinander auf langsamer Stufe für *5 Minuten* verknetet. Dann auf höchster Stufe erneut *5 Minuten* verkneten, bis der Teig geschmeidig wird.

2. Den Teig über Nacht im Kühlschrank gehen lassen.

3. Für die Tourierbutter die weiche Butter mit dem Mehl verkneten und zu einem 12 x 20 cm großen Rechteck formen. In Backpapier einwickeln und kalt stellen.

4. Die Tourierbutter am nächsten Morgen *1 Stunde* vor Weiterverarbeitung aus dem Kühlschrank nehmen. Die Butter und der Teig sollten in etwa dieselbe Konsistenz haben, wenn man mit dem Finger hineindrückt.

5. Den Teig mit einem Nudelholz auf 24 x 20 cm ausrollen. Die Tourierbutter mit der schmalen Seite nach unten in die Mitte des Teigs legen, den Teig links und rechts zur Mitte einschlagen und gut verschließen. Die Oberflächen leicht bemehlen und mit dem Nudelholz vorsichtig Schritt für Schritt gleichmäßig ausrollen. Sobald der Teig ca. 5–7 mm dick ist, die Oberfläche leicht befeuchten und ein Drittel des Teiges von links in die Mitte falten, das rechte Drittel entsprechend auch zur Mitte hin einschlagen. Dieser Vorgang nennt sich einfache Tour und wird im Anschluss wiederholt.

6. Den tourierten Teig auf ca. 35 x 20 cm ausrollen, mit Tomatenmark, Schinken, Käse und Ananaswürfeln belegen und von der langen Seite aus aufrollen.

7. In 5 cm breite Stücke schneiden und diese mittig mit einem Kochlöffel eindrücken. Auf ein mit Backpapier ausgelegtes Blech legen, *30 Minuten* gehen lassen und für *20 Minuten* bei *180 °C Umluft* im Ofen backen.

Spargel-Galette

ZUTATEN FÜR 2–3 PERSONEN

Für den Teig

200 g Dinkel-Vollkornmehl

100 g Mehl Type 550

120 g kalte Butter

1 Ei, Gr. M

½ TL Salz

Kräuter nach Wahl, z. B. Thymian

Für die Füllung

200 g Doppelrahmfrischkäse

1 Ei, Gr. M

3 EL Paniermehl

Kräuter nach Wahl, z. B. Thymian

Salz und Pfeffer

2 Bund grüner Spargel

ZUBEREITUNG

1. Den Ofen auf *170 °C Umluft* vorheizen. Für den Teig alle Zutaten miteinander verkneten. Den Teig kurz ruhen lassen und auf einem Backpapier so rund wie möglich 3–4 mm dick ausrollen. Der Durchmesser sollte ungefähr 32 cm sein, da der Rand noch hochgeklappt wird.

2. Den Frischkäse mit Ei, Paniermehl, Kräuter, Salz und Pfeffer würzen. Die Creme auf dem Teig verteilen und 2–4 cm Rand frei lassen. Den Spargel in gleichgroße Stücke schneiden und auf der Creme verteilen oder auch im Fischgrätmuster anordnen. Die Galette für ca. *20–30 Minuten* backen, bis sie schön kross ist.

Kartoffel-Börek-Schnecke

ZUTATEN FÜR EINE SPRINGFORM MIT 26 CM Ø

1 Packung Filo- oder Strudelteig

100 g Butter

3 große Kartoffeln

200 g geriebener Mozzarella

Salz und Pfeffer

1 TL bunter Sesam

ZUBEREITUNG

1. Die Springform mit Backpapier auskleiden. Den Ofen auf *180 °C Ober-/Unterhitze* vorheizen.

2. Den Filoteig ausrollen und zurechtlegen. Die Butter in einem Topf schmelzen.

3. Die Kartoffeln schälen und mit der Reibe grob reiben. In einem Topf mit Salzwasser *2–3 Minuten* blanchieren, absieben und auskühlen lassen. Die Kartoffeln mit dem Mozzarella mischen und mit Salz und Pfeffer würzen.

4. Den Filoteig dünn mit flüssiger Butter bepinseln und ca. 2–3 Esslöffel Kartoffel-Masse darauf verteilen. Je gleichmäßiger umso schöner werden die Rollen. Das Filoblatt vorsichtig aufrollen und aus der Mitte der Backform heraus zu einer Schnecke aufrollen. Mit den anderen Blättern ebenso verfahren und die Schnecke immer weiter verlängern, bis kein Platz mehr ist.

5. Die große Schnecke mit Butter bepinseln und mit Sesam bestreuen. *20 Minuten* knusprig braun backen.

Knoblauch-Rosmarin-Buns

ZUTATEN FÜR EINE SPRINGFORM MIT 20 CM Ø

Für den Teig

60 g weiche Butter

3 Eier, Gr. M

½ TL Salz

1 EL Zucker

250 g Mehl Type 550

20 g Frischhefe

2 EL Milch

Für die Tränke

2 Knoblauchzehen

1 Zweig Rosmarin

100 g Olivenöl

Meersalz

ZUBEREITUNG

1. Den Ofen auf *170 °C Umluft* vorheizen. Für den Teig alle Zutaten zu einer geschmeidigen Masse verarbeiten. Den Teig *10 Minuten* ruhen lassen und dann in 25 g große Kugeln formen. Mit etwas Abstand zueinander in die mit Backpapier ausgekleidete Springform geben und an einem warmen Ort gehen lassen, bis sich das Volumen verdoppelt hat.

2. In der Zwischenzeit den Knoblauch reiben und den Rosmarin fein hacken. Zusammen mit dem Olivenöl in einem kleinen Topf kurz erhitzen und rösten. Die Teigkugeln mit dem Kräuteröl bepinseln und mit Meersalz bestreuen.

3. Die Kugeln ca. *15–20 Minuten* goldbraun backen. Nach dem Backen noch heiß mehrmals mit dem Kräuteröl bepinseln.

Zucchini-Feta-Quiche
mit Speck

ZUTATEN FÜR EINE SPRINGFORM MIT 18 CM Ø

5 Blätter Filoteig

1 große Zucchini

80 g Speckwürfel

Salz und Pfeffer

1 Pck. Feta

200 ml Milch

100 g Sahne

3 Eier, Gr. M

2 EL gehackte Petersilie

ZUBEREITUNG

1. Den Ofen auf *180 °C Ober-/Unterhitze* vorheizen. Den Filoteig in die gefettete Springform geben. Schicht für Schicht vorsichtig überlappend übereinanderlegen und auch den Rand der Springform auskleiden

2. Die Zucchini grob würfeln und zusammen mit dem Speck anbraten. Mit Salz und Pfeffer würzen und auskühlen lassen. Hier wird kein Öl zum Anbraten benötigt, da der Speck beim Braten genügend Fett abgibt.

3. Den Feta unter die Zucchini-Speck-Masse bröckeln und in die Form geben. Die Milch mit Sahne, Eiern, Petersilie, Salz und Pfeffer mischen und auf die Zucchini-Speck-Masse gießen. Die Quiche für *35 Minuten* backen, bis die Masse gestockt ist.

Pfannenbrot mit Schinken-Käse-Füllung

ZUTATEN FÜR 6 STÜCK

250 g Quark, 20 %

250 g Mehl Type 550

1 Ei, Gr. M

1 TL Backpulver

½ TL Salz

100 g geriebener Käse, z. B. mittelalter Gouda oder Bergkäse

100 g Schinken

3–4 EL Öl zum Braten

ZUBEREITUNG

1. Für den Teig den Quark mit Mehl, Ei, Backpulver und Salz verkneten. Kurz ruhen lassen und in 6 gleichgroße Kugeln formen. Den Schinken fein würfeln und mit dem Käse mischen.

2. Mit einem Nudelholz die einzelnen Fladen ausrollen, mit 1 EL Käsemischung füllen und gut verschließen. Das Päckchen leicht andrücken. Mit den anderen 5 Kugeln ebenso verfahren.

3. Die einzelnen Fladen bei mittlerer Hitze von beiden Seiten ca. *5 Minuten* braten.

Tipp

Für eine vegetarische Variante können auch zweierlei Käsesorten verwendet werden oder man verfeinert mit Spinat, Frühlingszwiebeln oder Kräutern.

Nicht nur für Nerds …

Sie sollen so einfach wie möglich sein, die Rezepte – ohne Einbußen bei Geschmack und Genuss. Deshalb gibt's keine komplizierten Techniken und erklärungsintensiven Zubereitungsarten. Aus diesem Grund werden hier nur ganz wenige Dinge explizit erklärt …

CREME ANGLEICHEN

Wenn eine kalte Creme hergestellt wird, müssen die Temperaturen langsam und vorsichtig angeglichen werden. Hierzu gibt man etwas von der Creme – 2–3 Esslöffel – zur aufgelösten Gelatine und verrührt mit einem Schneebesen alles zu einer glatten Masse. Diesen Vorgang wiederholt man, bis alles vermischt ist.

BLINDBACKEN

Hierzu wird der Teig zunächst ohne Füllung vorgebacken. Die eigentliche Füllung wird durch eine sogenannte „blinde" ersetzt, dazu verwendet man meist getrocknete Hülsenfrüchte, es gibt jedoch auch spezielle Blindbackkugeln aus Keramik. Sinn und Zweck des Blindbackens ist es, den Boden möglichst knusprig zu backen, damit er später, wenn die Füllung eingeschichtet wird, nicht durchweicht. Darüber hinaus gibt die Blindfüllung den Teigrändern Stabilität.

EINARBEITEN VON SPITZEN IN DIE MERINGEN

Damit die Meringe ihre typische Form bekommt, arbeitet man mit einem Teelöffel Spitzen ein. Hierzu drückt man den Löffel leicht in die Masse und zieht ihn dann schräg nach oben, sodass kleine Spitzen entstehen.

SCHOKOLADE – VON TROPFEN, CHIPS & CHUNKS

In etlichen Rezepten verwende ich Schokolade in unterschiedlichster Form – was ähnlich klingt, ist zwar miteinander verwandt, aber die Unterschiede beeinflussen das Ergebnis: Schokotropfen sind ca. 4–5 mm groß, backfest und für Kuchen und Muffins geeignet; Chunks sind größer, ungefähr so groß wie ein kleiner Fingernagel, ebenfalls backfest und perfekt zum Backen von Cookies; Chips sind ungefähr so groß wie Tropfen und zum Einschmelzen geeignet. Es kann allerdings sein, dass die Bezeichnungen je nach Hersteller etwas variieren, deshalb am besten nochmal auf der Verpackung nachlesen!

Register

L

M

Danke

Ein Dankeschön an alle, die mir bei der Arbeit an diesem Buch geholfen haben. Hier möchte ich besonders Sandra Then und Christine Birnbaum erwähnen, denn die beiden haben gemeinsam dafür gesorgt, dass mein Buch mit vielen tollen Fotos ausgestattet werden konnte. Bedanken möchte ich mich auch bei Martin Brinkmann und dem gesamten EMF-Verlag, sie haben es möglich gemacht, dass „Small & tasty" erscheinen konnte.

Ein spezieller Dank geht an meine Mitarbeiterin Jil Scherbaum, die mich bei der Umsetzung der Rezepte tatkräftig unterstützt hat.

Dir, liebe Leser:in, danke ich für dein Interesse, die Unterstützung und die Liebe zum Backen.

Viel Freunde beim Nachmachen – und natürlich beim Genießen,

Luisa

Impressum

Bibliografische Information der Deutschen Bibliothek. Die Deutsche Bibliothek verzeichnet diese Publikation in der Deutschen Nationalbibliografie.

Detaillierte bibliografische Daten sind im Internet über http://www.dnb.de/ abrufbar.

EIN BUCH DER EDITION MICHAEL FISCHER

1. Auflage 2024

Layout-, Covergestaltung & Satz: Meritt Hettwer

Projektmanagement, Lektorat & Foodstyling:
Christine Birnbaum

Fotos: Sandra Then
Coverfotos: Sandra Then, mit Ausnahme o.l.: Alexander Stertzik

ISBN 978-3-7459-2074-1

Gedruckt bei Polygraf Print, Čapajevova 44,
08001 Prešov, Slowakei

www.emf-verlag.de